Erich Becher

Grundlagen und Grenzen des Naturerkennens

Grundlagen und Grenzen des Naturerkennens

Von

Dr. Erich Becher
ord. Professor an der Universität München

MÜNCHEN UND LEIPZIG / 1928
VERLAG VON DUNCKER & HUMBLOT

Copyright by Duncker & Humblot
München 1926
Printed in Germany

Altenburg, Thür.
Pierersche Hofbuchdruckerei
Stephan Geibel & Co.

Vorwort

Die vorliegende Schrift gibt Rundfunkvorträge wieder, die ich im Auftrage der „Deutschen Welle" in Berlin gehalten habe. Ich war bemüht, meine Darlegungen leicht verständlich und doch ernsthaft wissenschaftlich zu gestalten.

Wiederholt bin ich aufgefordert worden, diese Vorträge drucken zu lassen. Ich hatte zunächst Bedenken gegen die Drucklegung, weil die vorgetragenen Gedanken zumeist von mir bereits im Rahmen anderer Veröffentlichungen dargeboten worden sind (Naturphilosophie, Kultur der Gegenwart III, VII, 1, red. von C. Stumpf, Leipzig und Berlin 1914 [vergriffen]; Erkenntnistheorie und Metaphysik, in: Lehrbuch d. Philos., hrg. von M. Dessoir, 2. Bd. Berlin o. J. [1925]; Einführung in die Philosophie. München und Leipzig 1926). Indessen sind diese Gedanken dort in weitergreifende systematische Darstellungen eingefügt, hier aber in den Dienst des speziellen Themas gestellt, das ein Interesse für sich besitzt. Dieser Umstand und die besondere Darstellungsform schienen mir schließlich doch den Druck der Vorträge zu rechtfertigen.

München, im November 1927.

Erich Becher.

Inhaltsverzeichnis

	Seite
I. Einleitung. Schlichte Wahrnehmungsurteile als Erkenntnisgrundlagen	1
II. Analytische Urteile und Soseinswahrnehmungsurteile als Erkenntnisgrundlagen	13
III. Die nicht-sicherbaren Voraussetzungen des Erinnerungsvertrauens, der Regelmäßigkeit und der Gesetzmäßigkeit des Wirklichen. Das Kausalprinzip	25
IV. Kritik der Außenweltserkenntnis	39
V. Möglichkeit und Grenzen der Außenweltserkenntnis	53
VI. Metaphysische Ausblicke. Die Erkenntnis der lebenden Natur	69

I.

Einleitung. Schlichte Wahrnehmungsurteile als Erkenntnisgrundlagen

Seit Beginn der Neuzeit weist das Naturerkennen einen starken und stetigen Fortschritt auf. Zuweilen nimmt dieser geradezu stürmischen, man möchte fast sagen, überstürzten Charakter an, wie es etwa in der theoretischen Physik unserer Zeit der Fall ist. Diese fortschreitende und manchmal vorwärtsstürmende Entwicklung der Naturwissenschaften legt die Frage nahe, ob sie immer weiterführen könne, ob ihr keinerlei Schranken gezogen seien.

Es ist sehr begreiflich, daß der Siegeszug der neuzeitlichen Naturwissenschaften und der auf sie sich gründenden Technik den Glauben an die Schrankenlosigkeit des Naturerkennens erweckt hat. So standen in den letzten Jahrzehnten des vorigen und zu Anfang dieses Jahrhunderts weite Kreise unter dem Eindruck, daß die Naturwissenschaften schließlich alle Welträtsel und Lebensfragen lösen würden, ja daß sie die Lösung wohl schon erreicht hätten. Man sprach stolz von naturwissenschaftlicher Weltanschauung und meinte damit eine materialistische oder dem Materialismus verwandte Gesamtwirklichkeitsauffassung, die man für streng wissenschaftlich und endgültig gesichert hielt.

Und doch konnte die philosophische Kritik leicht zeigen, daß diese angeblich naturwissenschaftlichen Weltanschauungen unhaltbar sind. Betrachten wir z. B. ganz kurz jenen radikalen Materialismus, der behauptet, daß alles in der Welt körperlich sei, und daß unsere Seeleninhalte, unsere Gedanken, Gefühle, Wünsche usw., Körperbewegungen, etwa Atombewegungen in unserem Großhirn darstellen. Wenn z. B. unsere Gefühle, unsere Freuden und Leiden, Körperbewegungen wären, so müßten sie doch auch, wie alle Bewegungen, gewisse Raumstrecken durchlaufen und in jedem Momente bestimmte Bewegungsrichtungen aufweisen, sagen wir etwa von links nach rechts oder von oben nach unten. Unsere Gefühle, unsere Freuden und Leiden, aber laufen nicht über gewisse Raumstrecken, über soundso viele Zentimeter oder Millimeter hin, wie Körperbewegungen es tun, und sie weisen auch keine Bewegungsrichtungen, etwa von links nach rechts oder von oben nach unten auf, wie es bei Körperbewegungen der Fall ist. Also sind Gefühle, Freuden und Leiden, keine Körperbewegungen. Sie sind, wie alle Seeleninhalte, offenbar etwas ganz anderes als Körperbewegungen; sie sind unkörperlich. Jene materialistische Lehre, die behauptet, es gebe nur Körperliches, Materielles, und alle Seeleninhalte, auch Gefühle, Freuden und Leiden z. B., seien Körperbewegungen, ist also falsch.

Wenn so, wie hier nur an einem Beispiel angedeutet werden konnte, die materialistischen und die dem Materialismus nahekommenden Weltanschauungen versagen, die angeblich streng naturwissenschaftlichen Charakter tragen, so drängt das die Frage auf, ob überhaupt das Naturerkennen weit genug reiche, um zu einer Weltanschauung gelangen zu können. Die leicht zutage tretende Unzulänglichkeit der vermeintlich naturwissenschaftlichen materialistischen und halbmaterialistischen Weltanschauungen führt mithin ebenso zu der Frage nach der Reichweite und den Grenzen des Naturerkennens, wie das mit jener Unzulänglichkeit seltsam kontrastierende sichere und schnelle Fortschreiten der Naturwissenschaften.

In unseren Tagen aber ist die Frage nach den Grenzen oder der Reichweite des Naturerkennens noch aus einem anderen Grunde wichtig. Die Widerlegung angeblich naturwissenschaftlicher Weltanschauungen durch die philosophische Kritik und die Ablehnung solcher Weltauffassungen durch das erstarkende religiöse Bedürfnis unserer Zeit haben vielfach zu der verhängnisvollen Ansicht verleitet, das Naturerkennen könne für die Gewinnung einer Weltanschauung überhaupt nichts leisten. Mit einem Insektenbein, so sagte ein sehr hervorragender liberaler Theologe, macht man keine Weltanschauung. Gewiß nicht; aber ein Insektenbein mit seiner erstaunlich zweckmäßigen Konstruktion ist ein wunderbares Ding, dessen sorgfältige und verständnisvolle Betrachtung uns tief in Weltanschauungsfragen hineinführt und für deren Beantwortung sicherlich nicht unwichtig ist. Die Natur ist jedenfalls ein sehr wesentlicher Teil der Welt, und darum wird jede Weltauffassung, welche die Natur und unsere Erkenntnis derselben nicht berücksichtigt, sehr einseitig und fragmentarisch bleiben. Nach der in unlängst vergangenen Jahrzehnten üblichen Verherrlichung der Naturwissenschaften ist in unserer Zeit eine ihnen feindliche Stimmung erstarkt, welche die Bedeutung des Naturerkennens für die uns bewegenden Fragen der Welt- und Lebensauffassung ungebührlich verkleinern möchte. Aber es ist törichte Vogelstraußpolitik, vor den weltanschaulich bedeutsamen Ergebnissen und Theorien der Naturwissenschaften die Augen zu verschließen. Wie wir die Überschätzung der Reichweite des Naturerkennens, die in vermeintlich rein naturwissenschaftlichen Weltanschauungen sich kundtut, ablehnen müssen, so auch die Unterschätzung, welche die Beiträge des Naturerkennens zu wissenschaftlich ernsthafter Welt- und Lebensauffassung vernachlässigt. Es gilt, zwischen Über- und Unterschätzung unbefangen und ehrlich den rechten Mittelweg zu suchen, und dazu gehört vor allem die Feststellung der Reichweite, der Grenzen des Naturerkennens.

Das Naturerkennen, wie es sich in den Naturwissenschaften vollzieht, ist Erkennen der Außenwelt, die wir als Welt der körperlichen Dinge, Vorgänge usw. zum Teil sinnlich wahrnehmen. So haben es z. B. Physik und Chemie, Astronomie und Geologie, aber auch Botanik und Zoologie mit körperlichen Vorgängen und Substanzen, mit toten und lebenden Körpern zu tun. Allerdings stößt der Zoologe bei seiner Erforschung der Tierwelt auch auf das tierische Seelenleben, und so sieht er sich zuweilen veranlaßt, nicht ausschließlich dem Tierleibe und seinen Verrichtungen, sondern auch der damit zusammenhängenden

Tierseele seine Forschung zuzuwenden. Aber er verläßt dann strenggenommen den Boden der Naturwissenschaften, der Wissenschaften vom Körperlichen; er betritt mit seiner Untersuchung der Tierseele das Gebiet der Seelenlehre, der Psychologie, die in das Reich der Geisteswissenschaften, der Wissenschaften von der seelisch-geistigen Welt gehört.

Wenn das Naturerkennen Erkennen der Körperwelt ist, dann erscheint es von vornherein unangemessen, von ihm eine Weltanschauung zu erwarten. Denn zur Welt gehört doch auch das Seelen- und Geistesleben, das unkörperlich ist und deshalb außerhalb des Forschungsgebiets der Körper- oder Naturwissenschaften, jenseits der Grenzen des Naturerkennens liegt. Allein kann das Naturerkennen darum keine Weltanschauung darbieten; zusammen mit den Wissenschaften von der seelisch-geistigen Welt haben die Naturwissenschaften Grundlagen für den Aufbau einer wissenschaftlich haltbaren Weltanschauung zu liefern.

Um nun aber die Grenzen des Naturerkennens genau zu bestimmen, haben wir nach den Mitteln und Wegen zu fragen, die ihm zur Verfügung stehen. Es fragt sich ja eben, bis zu welchen Grenzen diese Erkenntniswege uns führen können. Wenn wir nun z. B. die Arbeit des theoretischen Physikers betrachten, so ergibt sich uns sogleich, daß sein Erkennen auf dem Wege des Schließens immer weiter und tiefer in die Natur eindringt. So sind die unwahrnehmbar kleinen Bausteine, aus denen alle Materie besteht, die Moleküle, Atome und Elektronen, durch das schließende Denken erkannt worden; so ist die Art des

Aufbaues der Materie mehr und mehr durch Schlüsse, die vielfach in mathematischer Form auftreten, festgestellt worden.

Schlüsse sind nun Gedanken, die aus Urteilen zusammengesetzt sind, und zwar derart, daß aus einem oder mehreren schon gegebenen, vorausgesetzten Urteilen, den sogenannten Vordersätzen, ein neues Urteil gewonnen wird. Betrachten wir einmal das alte, nicht gerade sehr gehaltvolle Schulbeispiel eines Schlusses:

> Alle Menschen sind sterblich.
> Sokrates ist ein Mensch.
> ────────────────
> Also ist Sokrates sterblich.

Da sind die beiden Urteile: „Alle Menschen sind sterblich", und: „Sokrates ist ein Mensch", die Vordersätze; das, was aus diesen erschlossen wird, also das Urteil: „Sokrates ist sterblich", ist der Schlußsatz.

An unserem Beispiel ist leicht ersichtlich, daß das, was in einem Schluß erschlossen werden kann, also der Schlußsatz, ganz und gar abhängt von den Vordersätzen, den Voraussetzungen, aus denen man schließt. Diese Voraussetzungen sind es ja, auf die der Schlußsatz sich stützt, aus denen er gezogen wird. Wie weit man etwas erschließen kann, das hängt somit ganz und gar von den Vordersätzen ab, aus denen man schließt, auf die sich der Schluß stützt.

Woher aber entnimmt das Erkennen, z. B. das naturwissenschaftliche, die Vordersätze, die vorausgesetzten Erkenntnisse oder Urteile, aus denen man weiterschließt? Oft sind die Vordersätze selbst schon durch Schlüsse gewonnen und gesichert. Diese müssen sich dann aber wiederum auf andere Vordersätze stützen, die vielleicht ihrerseits auch schon durch Schlüsse aus weiteren Vordersätzen abgeleitet sind. So braucht man für die Gewinnung der Vordersätze immer wieder andere Schlüsse und andere Vordersätze; und so scheint es, als ob für jeden Schlußsatz eine Reihe von Vordersätzen notwendig wäre, die niemals abgeschlossen werden könnte. Das wäre aber höchst verhängnisvoll; jeder Schluß würde unendlich viele Schlüsse voraussetzen, mit denen wir also niemals abschließend fertig werden könnten.

Glücklicherweise liegt die Sache nicht so. Es gibt nämlich Erkenntnisse, die als Vordersätze von Schlüssen dienen können, die ihrerseits aber nicht erst zu erschließen sind, weil sie ohne Schlüsse zu gewinnen oder anzuerkennen sind. Wir nennen solche grundlegenden, nicht erst zu erschließenden Erkenntnisse, auf die sich das Schließen als auf seine Vordersätze stützen und von denen es letztlich ausgehen kann, letzte Erkenntnisgrundlagen. Da das, was man erschließen kann, ganz und gar von den Vordersätzen abhängt, aus denen man schließt, wird es letztlich von den allerersten Vordersätzen, eben den letzten Erkenntnisgrundlagen abhängen, was man erschließen kann, wie weit, bis zu welchen Grenzen wir mit unserem schließenden Erkennen kommen können.

So führt die Frage nach den Grenzen des Erkennens auf die nach seinen letzten Grundlagen zurück. Die Reichweite unseres Erkennens hängt von den Fundamenten ab, auf die unser Schließen sich aufbaut; sie hängt von den letzten Erkenntnisgrundlagen ab. Diese müssen wir also untersuchen, wenn wir die Reichweite, die Grenzen unseres Erkennens feststellen wollen. Und wenn wir insbesondere die Grenzen des Naturerkennens bestimmen wollen, so haben wir eben dessen Grundlagen zu erforschen.

Solche Grundlagen des Naturerkennens, d. h. letzte, nicht erst durch Schlüsse zu gewinnende Urteile, auf die sich dann das naturwissenschaftliche Schließen stützen kann, liefert nun die Erfahrung. Zweifellos spielt diese bei der Grundlegung des Naturerkennens eine sehr große Rolle. Unter Erfahrung verstehen wir nun aber vielfach etwas sehr Zusammengesetztes; so z. B., wenn wir von der Lebenserfahrung eines alten Mannes sprechen. Um feststellen zu können, wie Erfahrung Erkenntnisgrundlagen liefert, wollen wir nach der allereinfachsten, der elementaren Erfahrung fragen.

Die elementare Erfahrung ist die Wahrnehmung. Alle Erfahrung beruht auf der Ansammlung und Verarbeitung von Wahrnehmungen. Offenbar können wir durch Wahrnehmungen Tatsachen erkennen, ohne dabei Schlüsse zu gebrauchen. Somit kann uns also die Wahrnehmung letzte Erkenntnisgrundlagen liefern.

Welche Tatsachen kann ich nun wahrnehmen und durch Wahrnehmung erkennen? Was vergangen ist, und was in der Zukunft liegt, kann ich nicht wahrnehmen; wahrnehmen kann ich nur, was mir gerade jetzt gegenwärtig ist, und zwar unmittelbar gegenwärtig, nicht irgendwie verhüllt und verborgen. Nicht unmittelbar gegenwärtig sind mir die Wahrnehmungen, Gedanken, Gefühle, Willenserlebnisse, kurz die „Bewußtseinsinhalte" meiner Mitmenschen oder der Tiere; diese bewußten Seeleninhalte meiner Mitgeschöpfe kann ich nicht wahrnehmen. Ich kann die Freude eines Mitmenschen oft sogleich aus seinem fröhlichen Gesicht entnehmen; aber dabei nehme ich doch nicht eigentlich diese Freude selbst wahr, sondern sie verrät sich mir nur indirekt, etwa eben durch das fröhliche Gesicht oder durch jubelnde Worte.

Auch der Nordpol oder der Meeresgrund sind mir nicht unmittelbar gegenwärtig; auch sie kann ich nicht wahrnehmen. Ebenso kann ich die winzigen Körnchen, aus denen nach naturwissenschaftlicher Lehre alle Körper aufgebaut sind, die Moleküle, Atome und Elektronen, nicht wahrnehmen. Im strengen Sinne kann ich aber die Körper, von denen die Naturforscher reden, überhaupt nicht eigentlich wahrnehmen. Was habe und erlebe ich denn, wenn ich einen Körper, z. B. ein Stück Kreide, sehe? Ich habe, erlebe und nehme wahr ein Weiß; dieses aber ist meine Empfindung, nicht etwas, was dem Körper unabhängig von mir zukäme. Und wenn ich das Kreidestück in die Hand nehme, so habe ich von ihm wieder nur den Eindruck, den es in meiner Seele, meinem Bewußtsein hervorruft; ich habe und erlebe Tastempfindungen. Sie sind mir unmittelbar gegenwärtig; sie kann ich unmittelbar wahrnehmen, nicht aber den Körper, der nach landläufiger und naturwissenschaftlicher Auffassung außerhalb meiner Seele, meines Bewußtseins existiert. Und so ist es bei jeder Wahrnehmung eines Körpers; dabei ist mir immer nur das Wahrnehmungsbild in meiner Seele, die „Erscheinung" des Körpers in meinem Bewußtsein gegenwärtig, nicht aber der Körper selbst, der außerhalb meines Bewußtseins und unabhängig von ihm existieren soll.

Also die Inhalte fremder Seelen, fremder Bewußtseine, sowie die körperlichen Gegenstände außerhalb meines Bewußtseins sind mir nicht unmittelbar gegenwärtig oder, wie man auch zuweilen sagt, mir nicht unmittelbar gegeben. Ich kann sie darum auch nicht eigentlich, nicht unmittelbar wahrnehmen. Was ich beim Anblick eines Körpers unmittelbar gegenwärtig habe, erlebe und wahrnehme, das ist nicht der Körper selbst, sondern sein Bild, seine „Erscheinung" in meinem Bewußtsein. Und so ist mir überhaupt nur das unmittelbar gegenwärtig, was ich in diesem Augenblick erlebe oder in meinem Bewußtsein habe; so meine Empfindungen, wie Grün und Warm, meine Wahrnehmungsbilder, z. B. das meines Federhalters, meine Gedächtnisbilder, z. B. das meines Vaterhauses, meine Phantasiebilder, meine Gedanken, meine Gefühle, Wünsche, Willensentschlüsse usw. Diese meine gegenwärtigen Bewußtseinstatsachen, die ich selbst erlebe, kann ich auch unmittelbar wahrnehmen und durch Wahrnehmung erkennen. So kann ich z. B. durch Wahrnehmung jetzt gerade unmittelbar feststellen, daß ich eine starke Wärmeempfindung habe, verbunden mit einem Gefühl des Unangenehmen. Niemand kann mir das abstreiten, was ich so durch unmittelbare Wahrnehmung in meinem gegenwärtigen Bewußtsein als wirklich vorhanden festzustellen vermag. Wenn ich im gegenwärtigen eigenen Bewußtsein Zahnschmerzen wahrnehme, dann habe ich die Schmerzen wirklich, mag auch der Zahnarzt an meinen Zähnen keinen Schaden finden.

So kann ich also durch Wahrnehmung sichere Feststellungen darüber machen, was gegenwärtig in meinem eigenen Bewußtsein wirklich ist, und wie dies in meinem Bewußtsein Wirkliche beschaffen ist, ob etwa meine gegenwärtige, wirkliche Wärmeempfindung stark ist, unangenehm ist und dergleichen.

Wir wollen diese Wahrnehmung, durch die wir eigene, gegenwärtige, wirkliche Bewußtseinstatsachen erfassen und erkennen, als schlichte Wahrnehmung bezeichnen. Diese schlichte Wahrnehmung ist die elementare Erfahrung, und sie liefert die ersten Grundlagen für die Wirklichkeitserkenntnis. Auch das Naturerkennen stützt sich auf diese Grundlagen, wie wir noch sehen werden. In der elementaren Erfahrung, der schlichten Wahrnehmung, erkennen wir jedoch nicht körperliche Gegenstände, die außerhalb unseres Bewußtseins existieren, sondern eigene gegenwärtige Bewußtseinstatsachen. Erkenntnistheoretisch betrachtet steht die Erkenntnis unseres eigenen Bewußtseins vor derjenigen der außerbewußten Körperwelt. —

Wir haben nun gesehen, daß wir durch schlichte Wahrnehmung zu sicheren Urteilen gelangen können, ohne dabei irgendwelche Schlüsse zu gebrauchen, mit anderen Worten, daß wir auf diese Weise zu letzten Erkenntnisgrundlagen gelangen können, auf die sich dann unser Schließen zu stützen vermag. Wir nennen die so gewonnenen Erkenntnisgrundlagen schlichte Wahrnehmungsurteile.

Damit haben wir ein Fundament der Wirklichkeitserkenntnis, ein erstes Stückchen derselben, gewonnen. Aber es ist doch bitter wenig, was wir bisher erreicht haben. Denn wir können durch schlichte Wahrnehmung nur eigene gegenwärtige Bewußtseinstatsachen erkennen, das heißt eigene gegenwärtige Empfindungen, Gedanken, Gefühle, Wünsche u. dgl.; wir können durch schlichte Wahrnehmung weder Vergangenes noch Zukünftiges, weder das Seelenleben unserer Mitmenschen noch die außerbewußte Körperwelt erkennen. Wenn wir also nur die schlichte Wahrnehmungserkenntnis hätten, so wäre überhaupt kein Erkennen der Körperwelt, kein Naturerkennen möglich. Ja, wir könnten nicht einmal leben. Denn der Mensch braucht eine gewisse Erkenntnis der Zukunft, um für sie sorgen zu können. Wenn wir nicht wüßten, daß dem Sommer der Winter folgen wird, würde niemand eine Ernte für den Winter in die Scheuer bringen; wir würden im Winter verhungern. Wir brauchen also Zukunftserkenntnis, und da schlichte Wahrnehmung sie uns nicht liefern kann, brauchen wir weitere Erkenntnisgrundlagen. Auch für das Naturerkennen sind diese unentbehrlich, da die schlichte Wahrnehmung uns überhaupt nichts über die außerbewußte Außenwelt lehrt.

Wir wollen uns also im nächsten Vortrage bemühen, weitere Erkenntnisgrundlagen aufzudecken. Sie müssen wohl vorhanden sein; sonst könnte ja kein Naturerkennen vorliegen.

II.

Analytische Urteile und Soseinswahrnehmungsurteile als Erkenntnisgrundlagen

Wir haben gesehen, daß die bedeutsame Frage nach der Reichweite oder den Grenzen des Erkennens die Erforschung der Erkenntnisgrundlagen fordert. Unter Erkenntnisgrundlagen verstanden wir letzte, nicht durch Schlüsse sicherzustellende Urteile, auf die sich unser Schließen stützen kann. Wir haben dann in den schlichten Wahrnehmungsurteilen eine erste Klasse von Erkenntnisgrundlagen aufgewiesen. Dabei mußten wir jedoch feststellen, daß die schlichte Wahrnehmung auf die Erkenntnis des eigenen gegenwärtigen Bewußtseins eingeschränkt ist. Ihre Reichweite ist also eine sehr kleine; ihre Erkenntnisgrenzen sind so eng, daß wir geradezu gezwungen sind, über sie hinaus vorzudringen. Darum gebrauchen wir weitere Erkenntnisgrundlagen, die über die engen Grenzen der schlichten Wahrnehmungserkenntnis, über das eigene gegenwärtige Bewußtsein hinausführen.

Von alters her haben die Philosophen die grundlegende Bedeutung des Denkens für das Erkennen betont. Fragen wir uns also nunmehr, ob das Denken von sich aus letzte, grundlegende Urteile zu liefern vermag, die zu den durch elementare Erfahrung gebotenen Erkenntnisgrundlagen, den schlichten Wahrnehmungsurteilen, als eine zweite Klasse von Erkenntnisgrundlagen hinzukämen.

In der Tat ist leicht ersichtlich, daß unser Denken uns Urteile liefert, die als Erkenntnisgrundlagen dienen können, weil wir zu ihrer Gewinnung und Sicherstellung nicht erst irgendwelcher Schlüsse bedürfen. In den sogenannten „analytischen Urteilen" haben wir solche vom Denken dargebotenen Erkenntnisgrundlagen vor uns. Was unter einem analytischen Urteil zu verstehen ist, mag zunächst an einem äußerst einfachen Beispiel klargemacht werden; analytisch ist etwa das Urteil: „Das gleichseitige Dreieck ist gleichseitig." Wodurch ist dieses simple Urteil als ein analytisches gekennzeichnet? Nun, jedes Urteil enthält einen Subjektsbegriff, d. h. einen gedanklichen Bestandteil, durch den wir den Gegenstand denken und gleichsam festlegen, von dem wir etwas urteilen, behaupten oder aussagen. Im obigen Beispiel behaupten wir etwas vom gleichseitigen Dreieck; in unserem Urteil ist also dessen gedanklicher Bestandteil: „das gleichseitige Dreieck" der Subjektsbegriff. Mit dem Subjektsbegriff ist nun in jedem Urteil ein Prädikatsbegriff verbunden, d. h. ein weiterer gedanklicher Urteilsbestandteil, in dem wir das denken, was wir vom beurteilten oder Subjektsgegenstande urteilen, behaupten oder aussagen wollen. In unserem Beispiel ist also der Gedanke „gleichseitig" der Prädikatsbegriff; denn wir behaupten ja vom „gleichseitigen Dreieck", daß es

„gleichseitig" ist. Und das Eigentümliche unseres Urteils: „Das gleichseitige Dreieck ist gleichseitig", liegt nun darin, daß der Prädikatsbegriff „gleichseitig" schon im Subjektsbegriff „das gleichseitige Dreieck" enthalten ist. Das macht eben die Besonderheit des analytischen Urteils aus, daß der Prädikatsbegriff bei ihm schon im Subjektsbegriff steckt. Darum erfaßt auch unser Denken sofort, unabhängig von Wahrnehmungen und Schlüssen, daß das analytische Urteil wahr ist und mit Notwendigkeit wahr sein muß; das analytische Urteil „Das gleichseitige Dreieck ist gleichseitig", ist „denknotwendig wahr", weil das gleichseitige Dreieck eben notwendig gleichseitig sein muß.

Zu alledem mag man vielleicht sagen, dies analytische Urteil sei geradezu lächerlich selbstverständlich, und es lohne sich wohl kaum, davon zu reden. Indessen wir wollen bedenken, wie vieles in der Mathematik z. B. selbstverständlich erscheint, und wie sich dann doch auf solche Selbstverständlichkeiten großartige Erkenntnisgebäude stützen. So dünkt es uns etwa selbstverständlich, daß die Größe einer Summe unabhängig ist von der Reihenfolge ihrer Summanden. Nun wohl, diese Selbstverständlichkeit ist ein Fundament des stolzen Gedankenbaues der Mathematik.

Übrigens gibt es analytische Urteile, die nicht ganz so simpel und selbstverständlich erscheinen, weil es bei ihnen nicht sogleich in die Augen fällt, daß der Prädikatsbegriff bereits im Subjektsbegriff enthalten ist. Das gilt vielleicht von dem analytischen Urteil: „Die Körper sind raumerfüllend." Auch dieses Urteil ist analytisch; denn ein Körper ist ein raumerfüllendes Ding, und unser Urteil besagt also: „Die raumerfüllenden Dinge sind raumerfüllend." In dieser Fassung unseres Urteils tritt sein analytischer Charakter sogleich zutage, der in der gleichbedeutenden Fassung: „Die Körper sind raumerfüllend", sich ein wenig verbirgt, weil wir nicht immer daran denken, daß der Begriff „Körper" identisch ist mit dem Begriff „raumerfüllendes Ding".

Da die analytischen Urteile, wie wir sahen, denknotwendig wahr sind und sich nicht erst auf Schlüsse zu stützen brauchen, haben wir in ihnen eine zweite Klasse von gesicherten Erkenntnisgrundlagen gefunden. Die analytischen Urteile haben vor den schlichten Wahrnehmungsurteilen den Vorzug, nicht wie diese auf das enge Gebiet meiner eigenen gegenwärtigen Bewußtseinstatsachen eingeschränkt zu sein. Auch über Körper z. B. kann man analytische Urteile fällen, wie unser Beispiel: „Die Körper sind ausgedehnt", zeigt.

Leider haben aber die analytischen Urteile auf der anderen Seite große Mängel. Für uns kommt hier nur in Betracht, daß sie uns in der Wirklichkeitserkenntnis, auch speziell in der Naturerkenntnis, nicht vorwärtsbringen. Z. B. das analytische Urteil: Körper (d. h. raumerfüllende Dinge) sind raumerfüllend, hilft mir im Wirklichkeitserkennen gar nicht weiter. Es sagt mir ja gar nicht, daß es Körper, d. h. raumerfüllende Dinge, in Wirklichkeit gibt; es sagt mir nur, daß raumerfüllende Dinge, falls es sie in Wirklichkeit gibt, raumerfüllend sind. Damit bin ich in der Wirklichkeitserkenntnis, speziell der Naturerkenntnis, um keinen Schritt weitergekommen. Und dieser Mangel zeigt sich bei allen analytischen Urteilen; z. B. das Urteil: „Das gleichseitige Dreieck ist gleichseitig", sagt nicht, daß es irgendwo in der Wirklichkeit ein gleichseitiges Dreieck gibt; es sagt uns nur, daß, falls es ein gleichseitiges Dreieck in Wirklichkeit gibt, dasselbe gleichseitig ist.

Wenn uns nun unsere zweite Erkenntnisgrundlagenklasse, die der analytischen Urteile, in der Wirklichkeitserkenntnis und so auch speziell in der Naturerkenntnis nicht weiterhilft, so müssen wir nach neuen Erkenntnisgrundlagen suchen.

Da das Naturerkennen sich vielfach, z. B. in der Physik, auf mathematische Erkenntnis stützt, sind die Grundlagen der mathematischen Erkenntnis indirekt auch Grundlagen des Naturerkennens. Erkenntnisgrundlagen der Mathematik sind aber von altersher unter der Bezeichnung „mathematische Axiome" bekannt. Diese sind eben Urteile, die nicht erst durch Schlüsse gesichert werden müssen, ihrerseits aber dem mathematischen Schließen als Ausgangspunkte oder letzte Grundlagen dienen.

Betrachten wir nun ein mathematisches Axiom, um das Wesen dieser Erkenntnisgrundlagen und dessen, was ihnen Sicherheit verleiht, zu erfassen. Z. B. besagt ein Axiom, daß die Größe einer Summe von zwei Summanden gleich ist der Größe der Summe aus denselben, aber umgestellten Summanden; so ist z. B. $3 + 4 = 4 + 3$. Wie kommen wir zu dieser Erkenntnis? Was sichert uns dieselbe?

Nun, man könnte zunächst geneigt sein zu antworten: Die Erfahrung, die schlichte Wahrnehmung liefert und sichert diese Erkenntnis, daß $3 + 4 = 4 + 3$ ist. In der Tat nehmen wir etwa an Kugeln einer Rechenmaschine leicht wahr, daß dort 3 Kugeln + 4 Kugeln ebenso viele Kugeln sind wie 4 Kugeln + 3 Kugeln. Aber damit wissen wir doch zunächst nur etwas von diesen bestimmten Kugeln dieser bestimmten Rechenmaschine. In der Mathematik aber wissen wir, daß allgemein und notwendig $3 + 4 = 4 + 3$ sein muß, und daß, noch allgemeiner, Entsprechendes für jede Summe gilt, daß $a + b = b + a$ ist. Wie kommen wir zu dieser allgemeinen Erkenntnis, daß die Umstellung der Summanden die Größe der Summe nicht ändert?

Man hat doch den Eindruck, daß es sich dabei um eine Erkenntnis handelt, die uns in irgendeiner Weise durch Wahrnehmung, durch Anschauung geliefert und sichergestellt wird. Wie aber kann Wahrnehmung uns zeigen, daß nicht nur diese 3 Kugeln + 4 Kugeln = diesen 4 Kugeln + 3 Kugeln sind, sondern daß allgemein und notwendig $3 + 4 = 4 + 3$, ja noch allgemeiner $a + b = b + a$ ist?

Es ist eine eigentümliche, mit Denktätigkeit verbundene Wahrnehmungsart, die „Soseinswahrnehmung" oder „Wesensschau", welche zu diesem notwendigen und allgemeinen Ergebnis führt. Wie die Soseinswahrnehmung solche notwendigen und allgemeinen Erkenntnisse liefern und sicherstellen kann, wollen wir zunächst an einem noch einfacheren Beispiel deutlich machen, das freilich nicht in die Mathematik hineingehört. Angenommen, wir nehmen nebeneinander eine rote und eine grüne Fläche wahr. Dann können wir auch in der Wahrnehmung feststellen, daß diese rote und die grüne Fläche verschieden sind. Nun können wir aber ferner bei dieser Wahrnehmung ganz davon absehen, daß wir da eine wirkliche rote und grüne Fläche erblicken; wir können auch davon absehen, daß das Rot vielleicht ziemlich hell, das Grün vielleicht etwas bläulich ist. Alle diese Umstände lassen wir aus dem Spiele; wir schieben sie in Gedanken gleichsam beiseite und richten bei der Wahrnehmung unser Augenmerk nur auf die Beschaffenheit oder das „Sosein" Rot und auf die Beschaffenheit oder das „Sosein" Grün. Wenn wir diese Beschaffenheiten oder „Soseinsarten" Rot und Grün auf solche Weise in der Wahrnehmung vergleichen, dann können wir erfassen, daß nicht nur hier, im vorliegenden Falle, Rot und Grün verschieden sind, sondern daß Rot und Grün ihrer Natur, ihrer Beschaffenheit oder Wesenheit, ihrem Sosein nach notwendig und immer verschieden sein müssen. So dürfen wir dann nicht nur behaupten, daß diese bestimmte rote und diese bestimmte grüne Fläche im vorliegenden Falle verschieden sind, sondern wir sind sicher, daß Rot und Grün immer und überall verschieden sind. Dies ist uns sicher geworden in jener eigentümlichen Wahrnehmungsweise, bei der wir nur auf das allgemeine Sosein oder Wesen des Rot und des Grün achteten, und bei der wir von der Wirklichkeit der farbigen Flächen und von allerlei Besonderheiten des vorliegenden Falles absahen. Wir wollen eine solche Wahrnehmung, die von der Wirklichkeit des Wahrgenommenen absieht und nur sein Sosein, sein Wesen erfaßt, als „Soseinswahrnehmung" oder (mit einem Ausdruck Husserls) als „Wesensschau" bezeichnen. Wir dürfen dann sagen, daß wir mit Hilfe der Soseinswahrnehmung zu allgemeinen und notwendig geltenden Urteilen gelangen können, für welche unser Urteil: „Rot und Grün sind verschieden", ein ganz einfaches Beispiel abgibt. Wir wollen Urteile von dieser Art als „Soseinswahrnehmungs-Urteile" bezeichnen. In den Soseinswahrnehmungs-Urteilen hätten wir nun wieder eine neue, eine dritte Klasse von Erkenntnisgrundlagen festgestellt.

Unser Beispiel eines Soseinswahrnehmungs-Urteils: „Rot und Grün sind verschieden", ist freilich wieder recht simpel und „selbstverständlich". Aber wir haben ja schon betont, daß selbstverständlich erscheinende Erkenntnisgrundlagen als Fundamente gewaltiger Wissensgebäude sehr wichtig und beachtenswert sein können. Die Soseinswahrnehmungs-Urteile, die Erkenntnisgrundlagen unserer dritten Klasse, erweisen sich nun in der Tat als sehr bedeutsam; zu ihnen gehören nämlich mathematische Axiome, wie das oben angeführte, daß die Größe einer Summe zweier Summanden gleich ist der Größe der Summe, welche dieselben Summanden in umgekehrter Reihenfolge aufweist, daß also $a + b = b + a$ ist. Auch dies Urteil wird uns sicher auf Grund der Wahrnehmung, etwa von Kugeln der Rechenmaschine; und zwar auf Grund einer Soseinswahrnehmung, die nicht nur von der Wirklichkeit der Kugeln, sondern auch von ihrer Gestalt, Größe, Farbe usw. absieht und nur das „Sosein" oder „Wesen" der beiden Summen betrachtet, die sich lediglich durch die Reihenfolge der Summanden unterscheiden. So erfassen wir in solcher Soseinswahrnehmung, daß allgemein und notwendig Summen, die sich lediglich durch die Reihenfolge der Summanden unterscheiden, gleich sein müssen.

Nehmen wir zum Zwecke gründlicher Verdeutlichung noch ein weiteres Beispiel vor! Wir wollen zwei sich schneidende schwarze gerade Linien auf einer weißen Ebene betrachten. Dann nehmen wir wahr, daß diese geraden Linien um ihren Schnittpunkt herum vier Winkel zwischen sich bilden. Nun wollen wir wieder zur Soseinswahrnehmung übergehen und davon absehen, daß es sich um diese wirklich vorliegenden schwarzen Striche auf weißem Grunde handelt; wir wollen an diesen Strichen nur noch das Sosein, das Wesen zweier geraden Linien betrachten, die in einem Punkte sich schneiden. Dann können wir erfassen, daß zwei sich schneidende gerade Linien mit Notwendigkeit um ihren Schnittpunkt herum vier Winkel zwischen sich bilden müssen, daß das Sosein, das Wesen, die Natur zweier sich schneidender geraden Linien dies notwendig mit sich bringt. So haben wir dann wieder ein Soseinswahrnehmungs-Urteil gewonnen, und zwar in diesem Falle ein Urteil, daß in die Geometrie gehört.

Unsere dritte Erkenntnisgrundlagen-Klasse, die der Soseinswahrnehmungs-Urteile, enthält Axiome der Mathematik, der Arithmetik und der Geometrie, außerdem aber noch Urteile wie: „Rot und Grün sind verschieden", „Rot und Orange sind ähnlich", die nicht in die Mathematik hineingehören.

Uns interessiert hier aber vor allem die Frage, was diese Erkenntnisgrundlagen der dritten Klasse, die Soseinswahrnehmungs-Urteile, für die Wirklichkeitserkenntnis, in Sonderheit für das Naturerkennen leisten. Man braucht nur daran zu denken, daß die Mathematik beim Wirklichkeitserkennen, insbesondere in der Naturwissenschaft, weitgehende Anwendung findet, um die Bedeutsamkeit der Soseinswahrnehmungs-Urteile für das Wirklichkeits- und speziell das Naturerkennen einzusehen. Weil das Naturerkennen sich auf die Mathematik stützt und die Mathematik sich auf Soseinswahrnehmungs-Urteile als Erkenntnisgrundlagen stützt, stützt sich auch das Naturerkennen auf diese Stütze der Mathematik, auf ihre Erkenntnisgrundlagen, auf Soseinswahrnehmungs-Urteile.

Wie die mathematischen Urteile, so kann man auch nicht-mathematische Soseinswahrnehmungs-Urteile auf Wirkliches anwenden. So z. B. das Urteil: „Rot und Grün sind verschieden"; weil Rot und Grün ihrem Sosein, ihrem Wesen, ihrer Natur nach notwendig verschieden sein müssen, müssen auch ein wirkliches Rot und ein wirkliches Grün, wenn sie etwa in den Farbempfindungen von Menschen oder Tieren vorkommen, verschieden sein.

So spielen Soseinswahrnehmungs-Urteile bei der Erkenntnis der Wirklichkeit und auch speziell der Natur eine bedeutsame Rolle, die übrigens von der Erkenntnistheorie der Gegenwart noch nicht ganz durchschaut sein dürfte.

Wenn wir nun aber solche Soseinswahrnehmungs-Urteile, wie z. B. das Urteil: „Rot und Grün sind verschieden", auf wirkliche Gegenstände anwenden wollen, dann müssen wir diese schon auf andere Weise festgestellt haben. Unser Urteil sagt uns nicht, daß irgendwo in der Welt Rot und Grün existieren; es sagt uns nur, daß, wenn Rot und Grün existieren, sie verschieden sein müssen. Mit anderen Worten, unser Urteil gibt uns keine neuen wirklichen Gegenstände, sondern ist nur auf Gegenstände, die wir schon auf andere Weise in der Wirklichkeit festgestellt haben, anwendbar.

Und Entsprechendes gilt nun von allen Soseinswahrnehmungs-Urteilen, auch von den mathematischen Axiomen und von den Lehrsätzen und Formeln der Mathematik, die sich auf die Axiome stützen. In der Tat, um mathematische Urteile auf wirkliche Gegenstände, z. B. auf Naturobjekte, anwenden zu können, muß man diese Naturobjekte schon auf irgendeine Weise festgestellt haben. Ein äußerst einfaches Beispiel mag das verdeutlichen. Das mathematische Urteil $4+3=7$ sagt mir nichts von wirklichen Birnen, solange ich solche noch nicht auf andere Weise festgestellt habe. Wenn ich aber auf andere Weise festgestellt habe, daß in meiner linken Rocktasche 4 und in meiner rechten Rocktasche 3 wirkliche Birnen sind, dann kann ich nunmehr jenes mathematische Urteil anwenden und mit seiner Hilfe feststellen, daß ich 7 Birnen in meinem Rock habe.

Aus alledem ergibt sich nun, daß auch die Soseinswahrnehmungs-Urteile unserem Erkennen keine neuen Wirklichkeitsbestandteile darbieten können. Wie die analytischen Urteile, so sind auch die Soseinswahrnehmungs-Urteile außerstande, uns in neue Wirklichkeitsgebiete hineinzuführen. Wir bleiben also immer noch in unserem Erkennen eingeschränkt auf jenes enge Wirklichkeitsgebiet, das unserer schlichten Wahrnehmung zugänglich ist, auf unser eigenes gegenwärtiges Bewußtsein. Die etwas mühsamen, abstrakten Untersuchungen dieses Vortrages haben zwar eine zweite und dritte Erkenntnisgrundlagen-Klasse aufgewiesen, aber nicht über die für unser Erkennen und Leben unerträglich engen Grenzen unseres eigenen Bewußtseins hinausgeführt.

Wir müssen aber mit unserem Erkennen über diese Grenzen hinausgelangen, und es ist ihm offenbar möglich, darüber hinauszukommen. Wir erkennen ja nicht nur die Gegenwart unseres eigenen Bewußtseins, sondern auch Vieles aus der Vergangenheit unseres Bewußtseins, d. h. Vieles von unseren früheren Erlebnissen. Und wir erkennen manches Zukünftige; die Zukunft ist unserem Blick nicht gänzlich verschlossen. Wir erkennen weiterhin, so scheint es wenigstens, im täglichen Leben und erst recht in den Naturwissenschaften in fortschreitendem Umfange die außerhalb unseres Bewußtseins existierende Außenwelt, z. B. ihre winzigen Bausteine, die Moleküle, Atome und Elektronen. Endlich erkennen wir offenbar auch das Seelenleben unserer Mitmenschen und der beseelten Tiere, ihre Vorstellungen, Gefühle, Begehrungen usw.

Wir gelangen demnach in unserem Erkennen ungeheuer weit über das enge Gebiet der schlichten Wahrnehmungsurteile, über unser eigenes gegenwärtiges Bewußtsein hinaus. Es muß also irgendwelche Erkenntnisgrundlagen geben, welche über die Grenzen dieses allzu engen Gebietes hinausführen. Nun gilt es, diese weiteren Erkenntnisgrundlagen ausfindig zu machen.

III.

Die nicht-sicherbaren Voraussetzungen des Erinnerungsvertrauens, der Regelmäßigkeit und der Gesetzmäßigkeit des Wirklichen. Das Kausalprinzip

Wir haben bisher drei Klassen von letzten Erkenntnisgrundlagen kennengelernt: die schlichten Wahrnehmungsurteile, die analytischen Urteile und die Soseinswahrnehmungs-Urteile. Die schlichte Wahrnehmung ermöglicht jedem von uns Erkenntnis seiner eigenen gegenwärtigen Bewußtseinsinhalte, z. B. seiner Empfindungen, Gedanken, Gefühle und Wünsche. Die analytischen Urteile und die Soseinswahrnehmungs-Urteile können unsere Wirklichkeitserkenntnis nicht über dies enge Ausgangsgebiet derselben, über unser eigenes gegenwärtiges Bewußtsein, hinausführen. Aber im täglichen Leben und in der Wissenschaft gelangen wir doch offenbar weit über die Grenzen dieses ersten, gar zu engen Gebietes der Wirklichkeitserkenntnis hinaus; wir erkennen Vergangenes und Zukünftiges, ferner eine Außenwelt außerhalb unseres Bewußtseins und endlich Seelen und Seelenleben unserer Mitmenschen und der Tiere. Wie ist das möglich? Welche Erkenntnisgrundlagen ermöglichen es uns, in unserem Wirklichkeitserkennen so weit über die Grenzen unseres eigenen Bewußtseins hinauszukommen? Das ist die wichtige erkenntnistheoretische Frage, die wir in diesem Vortrage zu lösen versuchen.

Wir wollen zunächst nur eine Teilfrage ins Auge fassen, nämlich die, wie unser Erkennen über die Gegenwart unseres eigenen Bewußtseins hinaus in die Vergangenheit desselben einzudringen vermag, also wie wir zur Erkenntnis eigener vergangener Bewußtseinstatsachen kommen. Davon gehen wir aus, weil die Zukunftserkenntnis sich offenbar auf die Vergangenheitserkenntnis stützen muß; die Zukunftserkenntnis, daß auch heute auf den Tag die Nacht, und daß auf diese wieder ein neuer Tag folgen wird, stützt sich auf die Vergangenheitserkenntnis, auf die Erfahrung, daß früher immer wieder auf den Tag die Nacht und auf diese wieder ein neuer Tag gefolgt ist.

Wie erkennen wir also, so fragen wir zunächst, die Vergangenheit unseres eigenen Bewußtseins, unsere eigenen früheren Erlebnisse? Darauf ist selbstverständlich zu antworten: durch unsere Erinnerung, mit Hilfe unseres Gedächtnisses. Wenn wir gar keine Erinnerung hätten, auch nicht an das, was vor einem Bruchteil einer Sekunde von uns erlebt wurde, so wüßten wir überhaupt nichts von der Vergangenheit. Ohne Erinnerung könnten mir alle die anderen Zeugen und Zeichen von Vergangenem, die alten Tagebuchblätter und Briefe und Photographien gar nichts von der Vergangenheit sagen; wenn ich nicht aus der Erinnerung etwa wüßte, daß ich jene Blätter geschrieben, jene Briefe empfangen, jene Bilder hergestellt habe, wenn mir Erinnerung gar nichts von der Herkunft solcher Blätter und Briefe und Bilder sagte, so wären sie für mich nur gegenwärtige Dinge, nicht aber sprächen sie zu mir von dem, was ich einst erlebt habe, von vergangenen Eindrücken und Gedanken, Freuden und Leiden, Hoffnungen und Sorgen, Wünschen und Entschlüssen. Alles Vergangene wäre für mein Erkennen spurlos dahin, wenn ich keine Erinnerung hätte.

Wenn ich jetzt eine Erinnerung an eine stürmische Seefahrt erlebe, so ist diese Erinnerung zunächst ein gegenwärtiger Bewußtseinsinhalt, ebenso wie eine Sinneswahrnehmung, ein Gedanke oder ein Gefühl dieses Augenblickes. Aber die Erinnerung bedeutet für mich nicht bloß ein gegenwärtiges Erlebnis, sondern vor allem einen Zeugen für Vergangenes; das ist mir gerade das Wesentliche an ihr, daß sie mir etwas über Vergangenes sagt.

Nun kann es vorkommen, daß die Erinnerung mich täuscht, daß sie mir Vergangenes unrichtig wiedergibt. Dadurch werde ich darauf aufmerksam, daß es nicht selbstverständlich ist, daß die Erinnerung mir die Vergangenheit richtig wiedergibt. Ich glaube freilich für gewöhnlich meiner Erinnerung; ich glaube ihr z. B., daß gestern ein sonniger, warmer Tag war, daß ich vorgestern eine lange Eisenbahnfahrt gemacht und unterwegs einen Freund getroffen habe. Die Erinnerung könnte mich aber auch hier täuschen; wenn ich ihr glaube, so liegt darin die Annahme, die Voraussetzung, daß sie mich nicht täuscht, daß ich ihr Vertrauen schenken darf.

Wir wollen diese Annahme, daß die Erinnerung mich zumeist nicht täuscht, daß sie mir gewöhnlich Vergangenes richtig wiedergibt, daß ich ihr also im allgemeinen Vertrauen schenken darf, als Voraussetzung des Erinnerungsvertrauens bezeichnen.

Merkwürdig und betrüblich ist es nun, daß man nicht imstande ist, diese Annahme sicherzustellen, daß wir sie als eine nicht-sicherbare Voraussetzung unserer Erinnerungserkenntnis hinnehmen müssen. Wir glauben alle, daß unsere Erinnerung uns bisweilen täuscht; wie sollen wir da sicherstellen, daß sie uns zumeist nicht täuscht? Direkt zeigen oder beweisen kann man absolut nicht, daß die Erinnerung uns Vergangenes zumeist richtig wiedergibt. Denn das Vergangene ist dahin, und nur mit Hilfe der Erinnerung kann ich zu ihm gelangen. Um zu prüfen, ob eine Erinnerung mir Vergangenes richtig wiedergegeben hat, müßte ich dies Vergangene erkennen und mit jener Erinnerung vergleichen können; um aber dies Vergangene zu erkennen, brauche ich schon irgendeine Erinnerung; und wenn ich die Erinnerung brauche und mich auf sie stütze, dann muß ich ihr Vertrauen schenken. Bei der Prüfung der Erinnerung muß ich somit schon einer Erinnerung Vertrauen schenken, muß ich schon voraussetzen, daß Erinnerung mir Vergangenes richtig wiederzugeben pflegt. Also wenn ich durch Prüfung zeigen will, daß Erinnerung Vertrauen verdient, muß ich schon voraussetzen, daß sie Vertrauen verdient. So muß sich jeder Versuch, die Vertrauenswürdigkeit der Erinnerung darzutun oder zu beweisen, schon auf die Voraussetzung des Erinnerungsvertrauens stützen. Diese ist also eine letzte Voraussetzung, eine Erkenntnisgrundlage, die man nicht beweisen, überhaupt nicht sicherstellen kann.

Man wird vielleicht einwenden, daß z. B. schriftliche Aufzeichnungen öfters die Vertrauenswürdigkeit der Erinnerung beweisen. Wenn meine Erinnerung an ein Erlebnis etwa mit Notizen übereinstimmt, die ich mir darüber gemacht habe, so sehe ich darin einen Beweis dafür, daß im vorliegenden Falle meine Erinnerung zutreffend war und Vertrauen verdiente. Indessen dieser „Beweis" stützt sich schon auf die Voraussetzung des Erinnerungsvertrauens; denn wenn ich meine Notizen zu diesem Beweise benutzen will, so muß ich schon der Erinnerung vertrauen, die mir sagt, daß ich diese Notizen einst als Darstellung meines Erlebnisses niedergeschrieben habe. Ohne die Voraussetzung des Erinnerungsvertrauens dürfte ich die Notizen nur als etwas Gegenwärtiges, nicht aber als Zeugen meines vergangenen Erlebnisses betrachten.

Es gibt keine Sicherstellung und insbesondere keinen Beweis für die Voraussetzung des Erinnerungsvertrauens. Die Erinnerung täuscht uns offenbar manchmal, und wir können nicht mit Sicherheit ausschließen, daß sie uns meist oder stets täuscht.

Trotzdem müssen wir an der Voraussetzung des Erinnerungsvertrauens festhalten, weil sie für unser Erkennen in Leben und Wissenschaft unentbehrlich ist. Sie ist unentbehrlich zunächst für die Erkenntnis von Vergangenem, dann aber auch für die Erkenntnis von Zukünftigem; denn unser Erkennen von Zukünftigem, unser Voraussehen desselben, muß sich auf unser Erkennen von Vergangenem stützen. Zukunftserkenntnis brauchen wir, um für unsere Zukunft sorgen zu können; sie ist unentbehrlich für die Erhaltung unseres Lebens. Darum ist auch Vergangenheitserkenntnis als Stütze der Zukunftserkenntnis für unser Leben unentbehrlich, und darum können wir auch auf das Erinnerungsvertrauen schon um unseres nackten Lebens willen nicht verzichten.

So sind wir hier auf eine unentbehrliche, aber leider nicht-sicherbare Erkenntnisgrundlage gestoßen. Der Erkenntnistheoretiker muß offen bekennen, daß die Voraussetzung des Erinnerungsvertrauens auf keine Weise sichergestellt werden kann. Die schlichten Wahrnehmungsurteile, die analytischen Urteile und die Soseinswahrnehmungsurteile stellen gesicherte Erkenntnisgrundlagen dar; daneben gibt es aber, wie wir zunächst an der Voraussetzung des Erinnerungsvertrauens gesehen haben, auch nichtsicherbare und doch unentbehrliche Erkenntnisgrundlagen.

Es ist gewiß sehr bedauerlich, daß wir die Voraussetzung des Erinnerungsvertrauens nicht entbehren können und festhalten müssen, obwohl wir sie nicht sicherzustellen vermögen. Immerhin dürfen wir zu ihrer Rechtfertigung darauf hinweisen, daß sich das Erinnerungsvertrauen in unserem Erkennen in Leben und Wissenschaft im großen und ganzen recht gut bewährt. Wir kommen in unserem Erkennen mit der grundlegenden Voraussetzung des Erinnerungsvertrauens gut durch; das spricht jedenfalls für sie. So werden wir diese Erkenntnisgrundlage als berechtigt betrachten, obgleich wir sie nicht sicherstellen können. —

Durch die Voraussetzung des Erinnerungsvertrauens

wird meinem Wirklichkeitserkennen die Vergangenheit meines Bewußtseins zugänglich. Das bedeutet schon eine sehr beträchtliche Steigerung der Reichweite des Wirklichkeitserkennens; denn wenn wir nur die gesicherten Erkenntnisgrundlagen, die schlichten Wahrnehmungsurteile, die analytischen Urteile und die Soseinswahrnehmungsurteile zur Verfügung hätten, so wäre das Wirklichkeitserkennen eines jeden auf sein eigenes gegenwärtiges Bewußtsein beschränkt.

Ich kann jedoch mein Wirklichkeitserkennen auch nicht auf mein eigenes gegenwärtiges und vergangenes Bewußtsein einschränken. Ich muß Zukünftiges erkennen, um für die Zukunft sorgen zu können. Und im Wirklichkeitserkennen der Wissenschaften muß ich weit über die Grenzen meines eigenen gegenwärtigen und vergangenen Bewußtseins hinausschreiten; ich muß z. B. in den Geisteswissenschaften, in der Psychologie, der Geschichte, der Philologie usw., das Seelenleben meiner Mitmenschen erkennen; ich muß beim Naturerkennen in die außerhalb meines Bewußtseins liegende Außenwelt eindringen. Ich brauche darum noch eine oder vielleicht noch mehrere neue Erkenntnisgrundlagen, die mich über die Grenzen meines gegenwärtigen und vergangenen Bewußtseins hinausführen in die Zukunft, in das Seelenleben meiner Mitgeschöpfe, in die außerbewußte Außenwelt.

Als neue Erkenntnisgrundlage, die mir diesen Dienst leistet, kommt zunächst die Voraussetzung der Regelmäßigkeit des Wirklichen in Betracht.

Schon in meiner bisherigen Erfahrung, in der Gegenwart

und Vergangenheit meines Bewußtseins, finde ich manche Regelmäßigkeiten; so ist z. B. dem Erleben der Tageshelle regelmäßig das des Nachtdunkels, dem Erleben des Sommers das des Herbstes und des Winters gefolgt. Wenn ich nun annehme, daß ich auch in Zukunft nach Tageshelle Nachtdunkel, nach dem Sommer Herbst und Winter erleben werde, so setze ich dabei voraus, daß die Regeln, die bisher galten, weiter gelten werden, daß die Wirklichkeit in ihrem Ablauf auch über meine bisherige Erfahrung hinaus sich regelmäßig verhalten wird. Diese Annahme gehört aber in den Rahmen unserer Regelmäßigkeitsvoraussetzung, die eben besagt, daß das Wirkliche überall und allezeit Regelmäßigkeit aufweist. Immer, wenn ich Zukünftiges erschließe, z. B. erschließe, daß meine Stiefel verschleißen, meine Haare immer mehr ergrauen werden, stütze ich mich auf die Regelmäßigkeitsvoraussetzung, nehme ich an, daß auch fernerhin die Regelmäßigkeit herrschen wird, die sich bisher zeigte.

Ohne Regelmäßigkeitsvoraussetzung könnte ich nur mein gegenwärtiges und vergangenes Bewußtsein durch schlichte Wahrnehmung und Erinnerung erkennen, nicht aber eine Außenwelt außerhalb meines Bewußtseins. Die Annahme und Erkenntnis dieser Außenwelt stützt sich ebenfalls auf die Regelmäßigkeitsvoraussetzung bzw. auf speziellere Ausgestaltungen derselben. Dies soll hier nur angedeutet werden, da wir später eingehender darüber zu sprechen haben. Der Inhalt unseres Bewußtseins weist sehr viel Unregelmäßigkeit auf; zahlreiche Sinneswahrnehmungen, z. B. von Straßenbahn- und Kraftfahrzeug-Signalen, menschlichen

Worten und Schritten, Hundebellen, Wagenrasseln usw. treten ganz unregelmäßig in meinem Bewußtsein auf. Wenn ich nun aber eine Außenwelt außerhalb meines Bewußtseins annehme, die durch ihre Einwirkungen auf meine Sinne alle die scheinbar so regellos auftretenden Sinneswahrnehmungen hervorruft, dann ordnen diese sich in Regel und Gesetz ein; dann stellen sich die Sinneswahrnehmungen als regelmäßige Folgen bestimmter Außenweltsvorgänge und ihrer Einwirkungen auf meine Sinne dar. So wird die Annahme einer Regelmäßigkeit des Wirklichen erst durchführbar durch die Annahme einer außerbewußten Außenwelt; darum fordert die Regelmäßigkeitsvoraussetzung die Annahme einer solchen Außenwelt. Wie es mit deren Erkennbarkeit steht, wollen wir, wie gesagt, später genauer untersuchen.

Hier wollen wir uns nur noch kurz deutlich machen, daß sich auch die Erkenntnis des Seelenlebens in unseren Mitgeschöpfen auf die Regelmäßigkeitsvoraussetzung stützt. Wir erkennen das Seelenleben unserer Mitmenschen aus seinen leiblichen Äußerungen; wir hören und sehen etwa jemanden lachen und entnehmen daraus, daß er fröhlich ist; wir hören und sehen einen anderen weinen, und dies zeigt uns sogleich, daß er traurig ist. Lachen und Weinen der Mitmenschen können mir aber nur darum ihre Fröhlichkeit bzw. ihre Trauer anzeigen, weil bei mir selbst mit solchem Lachen Fröhlichkeit, mit solchem Weinen Trauer regelmäßig verbunden war. Wenn ich nun daraus entnehme, daß auch mit dem Lachen des Mitmenschen Fröhlichkeit in ihm, mit seinem Weinen Trauer in ihm verbunden sein wird, so setze ich dabei voraus, daß die Regelmäßigkeit der Verbindung von Lachen und Fröhlichkeit, von Weinen und Trauer, die sich bei mir zeigt, auch bei dem Mitmenschen vorliegen wird. Kurzum, ich setze wieder voraus, daß die in meiner Erfahrung feststellbare Regelmäßigkeit auch über meine Erfahrung hinaus herrschen wird, daß überall das Wirkliche sich regelmäßig verhalten wird. Auch mein Erkennen des Seelischen in meinen Mitgeschöpfen stützt sich auf die Regelmäßigkeitsvoraussetzung.

Deren überaus weitreichende Bedeutung für unser Wirklichkeitserkennen ist damit wohl dargetan. Um so unerfreulicher ist nun aber der Umstand, daß die Regelmäßigkeitsvoraussetzung ebensowenig sichergestellt werden kann wie die Voraussetzung des Erinnerungsvertrauens. Es ist keineswegs selbstverständlich oder denknotwendig, daß sich die Wirklichkeit überall und allezeit regelmäßig verhält; es wäre ganz gut denkbar, daß sie sich hier oder dort für kürzere oder längere Zeit gänzlich unregelmäßig verhielte. Man kann auch nicht durch Wahrnehmung feststellen, daß das Wirkliche überall, z. B. auch im Innern eines fernen Fixsterns, Regelmäßigkeit aufweist; unsere Wahrnehmung und Erfahrung reicht entfernt nicht so weit wie das Wirkliche und kann daher auch nicht konstatieren, wie dieses sich überall und allezeit verhält. Die Regelmäßigkeit alles Wirklichen läßt sich auch nicht durch Schlüsse beweisen; wie sollte man beweisen, daß vor zahllosen Jahrmillionen in jedem Winkel des Weltalls Regelmäßigkeit geherrscht hat!

So werden wir zugestehen müssen, daß die Regelmäßigkeitsvoraussetzung eine zwar überaus wichtige und weitreichende, aber leider nicht-sicherbare Erkenntnisgrundlage darstellt. Sie ist unentbehrlich für unser Leben, weil sie Zukunftserkenntnis möglich macht; sie ist unentbehrlich für unser Wirklichkeitserkennen, auch speziell für das Naturerkennen, weil sie uns zur Annahme einer außerbewußten Außenwelt und zur Erkenntnis derselben, sowie zur Erkenntnis des Seelenlebens in unseren Mitgeschöpfen hinführt. Schließlich können wir zur Rechtfertigung der Regelmäßigkeitsvoraussetzung darauf hinweisen, daß sie sich in unserem Erkennen, in Leben und Wissenschaft, ganz ausgezeichnet bewährt, daß sie z. B. im naturwissenschaftlichen Forschen von Erfolg zu Erfolg führt. Darum werden wir diese Voraussetzung als Erkenntnisgrundlage festhalten, obgleich sie, wie die Voraussetzung des Erinnerungsvertrauens, nicht sicherbar ist. —

Die Regelmäßigkeitsvoraussetzung hat sich im wissenschaftlichen, insbesondere im philosophischen und naturwissenschaftlichen Denken in die strengere Gesetzmäßigkeitsvoraussetzung umgewandelt. Diese besagt, daß die Wirklichkeit überall und jederzeit nicht nur Regelmäßigkeit, sondern Gesetzmäßigkeit, ausnahmslose, unbedingte Regelmäßigkeit aufweist. Im täglichen Leben sind viele Menschen im Sinne der Regelmäßigkeitsvoraussetzung überzeugt, daß der Weltlauf zwar überall Regelmäßigkeiten aufweist, daß aber im Einzelnen, sagen wir bei den Launen des Wetters und der Menschen, allerlei Unregelmäßigkeiten vorkommen. Die Naturwissenschaft aber hat immer wieder gefunden, wie scheinbare Unregelmäßigkeiten bei genauerer Betrachtung sich doch festen Regeln einfügten, und so hat sich gerade bei den Naturforschern und unter ihrem Einfluß die Überzeugung durchgesetzt, daß in der Welt nicht nur überall eine Regelmäßigkeit herrscht, die Ausnahmen zuläßt, sondern daß die Wirklichkeit stets und allerorten ausnahmslose, unbedingte, streng genaue Regelmäßigkeit oder Gesetzmäßigkeit aufweist.

Die Gesetzmäßigkeitsvoraussetzung kann so wenig oder eigentlich noch weniger sichergestellt werden wie die Regelmäßigkeitsvoraussetzung. Wie sollte man feststellen können, daß vor Millionen von Jahren jedes Stäubchen in jedem Winkel des Weltalls strengen Gesetzen entsprach! Indessen wird man auch bezüglich der Gesetzmäßigkeitsvoraussetzung sagen können, daß sie sich in unserem Wirklichkeitserkennen, besonders im naturwissenschaftlichen, vorzüglich bewährt. Wir werden sie darum anerkennen; wir werden nicht bei der vagen Regelmäßigkeitsvoraussetzung des täglichen Lebens stehen bleiben, sondern mit der Wissenschaft zur strengen Gesetzmäßigkeitsvoraussetzung übergehen. Wir erblicken auch in ihr eine zwar nicht sicherbare, aber doch berechtigte Erkenntnisgrundlage. —

Eine äußerst wichtige Spezialform der Gesetzmäßigkeit des Wirklichen ist die Ursache-Wirkungs-Gesetzmäßigkeit, die Kausalgesetzmäßigkeit. Hierbei handelt es sich um eine Gesetzmäßigkeit, bei der ein Vorgang, nämlich die Ursache, einen anderen, nämlich die Wirkung, unmittelbar gesetzmäßig nach sich zieht. So zieht z. B. der Fall eines Steines auf einer Wasserfläche unmittelbar eine Wellenbewegung des Wassers als Wirkung nach sich.

Die Ursache-Wirkungsgesetzmäßigkeit ist eine besonders wichtige Gesetzmäßigkeitsart, weil sie überall im Spiele zu sein scheint, wo in der Wirklichkeit etwas Neues, ein Vorgang, eine Veränderung auftritt. Das kommt im sogenannten Kausalprinzip zum Ausdruck, welches besagt, daß alles neuauftretende Wirkliche, jeder Vorrang, jede Veränderung, eine Ursache hat, d. h. einen unmittelbar vorhergehenden Vorgang, dem das Neuentstandene, die Veränderung, als Wirkung gesetzmäßig folgt. Jedes Neue, jede Veränderung in der Welt wird nach dem Kausalprinzip durch einen unmittelbar vorhergehenden Vorgang, eine Ursache, streng gesetzmäßig vorausbestimmt.

Das Kausalprinzip, welches wiederum überall und allezeit im Wirklichen zu gelten beansprucht, kann sich auf die allgemeine Gesetzmäßigkeitsvoraussetzung und die Erfahrung stützen; doch wollen wir darauf hier nicht eingehen. Schließlich kann auch das Kausalprinzip sowenig sichergestellt werden, wie die Gesetzmäßigkeitsvoraussetzung. Wir können nicht durch Wahrnehmung, durch Erfahrung feststellen, daß jedes Neue, jeder Vorgang, jede Veränderung in der Welt eine Ursache hat; unsere Wahrnehmung, unsere Erfahrung reicht ja nicht über alle Fernen des Weltraumes, der Vergangenheit und der Zukunft hin. Man hat sich oft bemüht, das Kausalprinzip streng zu beweisen; unseres Erachtens ohne Erfolg. Es ist kein strenger Beweis dafür möglich, daß etwa jeder Vorgang im Sonneninneren oder in irgendeiner Menschenseele, jeder Windhauch und jeder flüchtige Gedanke seine Ursache hat.

Doch auch das Kausalprinzip bewährt sich gut in Leben und Wissenschaft. Und so werden wir es als Erkenntnisgrundlage gelten lassen, ebenso wie die nicht-sicherbaren, aber sich bewährenden Voraussetzungen des Erinnerungsvertrauens, der Regelmäßigkeit und der Gesetzmäßigkeit.

Übrigens ist es wohl möglich, daß das Kausalprinzip durch die moderne Naturwissenschaft eine Umgestaltung erfahren wird.

Wie dem aber auch sein mag, jedenfalls haben uns unsere Untersuchungen gezeigt, daß es neben den sicherbaren auch nicht-sicherbare und doch unentbehrliche Grundlagen unseres Wirklichkeits- und Naturerkennens gibt. Erfreulich ist dies Ergebnis nicht; aber es muß, wie so viele schmerzliche Wahrheiten, anerkannt werden.

IV.
Kritik der Außenweltserkenntnis

Wir haben im vorigen Vortrage die Voraussetzung der Regelmäßigkeit bzw. der Gesetzmäßigkeit des Wirklichen und das Kausalprinzip besprochen. Mit diesen nicht-sicherbaren, aber wohlbewährten Grundlagen unserer Wirklichkeitserkenntnis hängen nun weitere bedeutsame Voraussetzungen derselben zusammen, nämlich die insbesondere auch für das Naturerkennen überaus wichtigen Annahmen, daß außerhalb unseres Bewußtseins eine von ihm unabhängige Außenwelt existiert, und daß diese Außenwelt erkennbar ist.

Im täglichen Leben erscheinen uns diese Annahmen als Selbstverständlichkeiten. Wir zweifeln da nicht daran, daß die Außenwelt der körperlichen Dinge mit ihren Eigenschaften, Vorgängen usw. unabhängig von unserem Bewußtsein existiert, daß sie auch fortexistiert, wenn niemand sie sieht oder auf andere Weise wahrnimmt, ja wenn unser Bewußtsein verschwindet, wie es etwa im tiefen Schlafe der Fall sein mag. Wir glauben ferner im täglichen Leben, die Außenweltsdinge und ihre Eigenschaften, Vorgänge usw. in unserer Sinneswahrnehmung, z. B. im Sehen, unmittelbar zu erfassen und zu erkennen. Wir meinen darum, daß die Außenweltsgegenstände auch unabhängig von uns so sind, wie wir sie in der Sinneswahrnehmung erfassen, so blau und hart, so rund und groß, so nah und bewegt, wie wir sie wahrnehmen.

Diese stillschweigende Voraussetzung der außerwissenschaftlichen Weltauffassung, der wir im täglichen Leben zu huldigen pflegen, macht das Wesen des naiven Realismus aus. Derselbe besteht also in der Überzeugung, daß eine Außenwelt außerhalb unseres Bewußtseins existiert, die wir aber in der Sinneswahrnehmung unmittelbar erfassen und erkennen, und zwar so erfassen, wie sie unabhängig von uns beschaffen ist.

Bereits im täglichen Leben, im außerwissenschaftlichen Denken, beginnt der naive Realismus sich zu zersetzen; man hält nicht streng an der Auffassung fest, daß die Außenweltsgegenstände so sind, wie wir sie wahrnehmen. Der hohe, grün bewaldete Berg wird aus der Ferne als ein kleiner graublauer Hügel wahrgenommen. Im Traume nehmen wir sogar Vieles wahr, was in der Außenwelt außerhalb unseres Bewußtseins gar nicht existiert. Die außerbewußten Außenweltsgegenstände sind also nicht immer so, wie wir sie wahrnehmen. Wir müssen zwischen den außerbewußten Außenweltsgegenständen, den ,,Außenweltsgegenständen-an-sich", und unseren Wahrnehmungsbildern oder ,,Erscheinungen" dieser Gegenstände unterscheiden. Es fragt sich, ob und inwieweit die Wahrnehmungsbilder oder Erscheinungen mit den Gegenständen-an-sich übereinstimmen.

Da spricht nun Vieles dagegen, daß die in den Wahrnehmungsbildern enthaltenen Empfindungsqualitäten, wie blau, warm, süß usw., mit ihnen zugrundeliegenden Eigenschaften der Gegenstände-an-sich übereinstimmen. Laues Wasser erscheint der einen Hand, die vorher in warmem Wasser war, kühl, hingegen der anderen, die vorher in kaltes Wasser eingetaucht war, warm; da dürfen wir dem Wasser wohl weder die Empfindungsqualität „warm" noch die Qualität „kalt" zuschreiben. Den Tonempfindungen mit ihren Qualitäten liegen in der Außenwelt Schwingungen der tönenden Körper, der Luft usw., zugrunde. Lichtempfindungsqualitäten, wie weiß, gelb, blau, können durch seitlichen Druck des Fingers auf das Auge hervorgerufen werden. Den Empfindungsqualitäten brauchen also nicht ihnen gleiche Eigenschaften der Außenweltsgegenstände-an-sich zugrunde zu liegen.

In der Tat nimmt die Naturwissenschaft, die darin dem griechischen Philosophen Demokrit folgt, an, daß die Empfindungsqualitäten, wie rot, süß, kalt usw., subjektiv sind, d. h. unserem Bewußtsein angehören, nicht aber den Außenweltsgegenständen-an-sich. Die Rose ist an sich nicht rot, der Zucker an sich nicht süß, der Schnee an sich nicht kalt, sondern die Rose erscheint uns nur rot und der Zucker süß und der Schnee kalt; d. h. in unserem Bewußtsein, unseren Wahrnehmungsbildern, unseren Empfindungen finden sich das Rot und Süß und Kalt, nicht aber an den zugrundeliegenden Außenweltsgegenständen-an-sich.

In unseren Wahrnehmungsbildern finden sich außer den Empfindungsqualitäten, wie rot, süß, kalt, noch die sogenannten primären Qualitäten. Darunter sind räumliche Gestalt-, Lage- und Größeneigenschaften, zeitliche Eigenschaften, Bewegungseigenschaften und Zahleigenschaften zu verstehen. Während die Naturwissenschaft die Empfindungsqualitäten als subjektiv betrachtet, schreibt sie primäre Qualitäten, also räumliche, zeitliche, Bewegungs- und Zahleigenschaften, den Außenweltsgegenständen-an-sich zu; sie nimmt auch an, daß diese primären Qualitäten der Außenweltsgegenstände-an-sich erkennbar sind. Wir bezeichnen diesen Standpunkt als physikalischen Realismus.

Die Naturwissenschaft hat von diesem Standpunkte aus mit großem Erfolg die Außenwelt durchforscht. Das spricht, wie später noch besonders zu betonen sein wird, jedenfalls dafür, daß die physikalisch-realistische Auffassung der Außenwelt der Wahrheit nahekommt. Zunächst freilich sieht man nicht recht ein, warum die Empfindungsqualitäten bloß subjektiv sein sollen, primäre Qualitäten, also räumliche, zeitliche, Bewegungs- und Zahleigenschaften, aber objektiv sein sollen, d. h. den Außenweltsgegenständen-an-sich zukommen sollen. Man sagt uns, die Empfindungsqualitäten warm und kalt müßten wohl subjektiv sein, weil dasselbe laue Wasser warm und kalt erscheinen könne, je nach dem Zustande der Hand, die in das Wasser eintaucht. Aus dem gleichen Grunde müßten aber auch primäre Qualitäten, wie kreisrund und elliptisch, subjektiv sein; denn dieselbe runde Scheibe kann je nach der Stellung unserer Augen zu ihr kreisrund oder elliptisch erscheinen.

Wenn wir die Entstehung unserer Wahrnehmungsbilder so auffassen, wie die Naturwissenschaft es zu tun pflegt, dann kann uns die physikalisch-realistische Lehre, daß die Empfindungsqualitäten subjektiv, die primären Qualitäten aber objektiv und in der Außenwelt feststellbar und erkennbar seien, leicht willkürlich erscheinen; dann kommen wir leicht zu der Auffassung, daß wir der Außenwelt-an-sich überhaupt keine wahrnehmbaren und erkennbaren Eigenschaften zuschreiben dürfen. Nach naturwissenschaftlicher Auffassung kommt z. B. die Gesichtswahrnehmung dadurch zustande, daß von dem wahrgenommenen Gegenstande Lichtstrahlen in unser Auge gesandt werden, die dort in der Netzhaut chemische Vorgänge bewirken; diese wirken dann durch den Sehnerven hin weiter bis zum Gehirn, schließlich bis zu einer bestimmten Stelle am Hinterhauptteil unseres Großhirns. Dort schließt sich an die lange Reihe der materiellen Vorgänge die Gesichtswahrnehmung an. Diese wäre so das Endglied in einer langen Reihe von Ursachen und Wirkungen, die von dem wahrgenommenen Gegenstande ausgeht. Nun braucht aber eine Wirkung ihrer Ursache gar nicht zu gleichen. So gleicht z. B. die Zertrümmerung einer Glasscheibe als Wirkung nicht dem Steinwurf, der sie verursachte. Erst recht brauchen sich Anfangs- und Endglied einer langen Reihe von Ursachen und Wirkungen nicht zu gleichen. Und so braucht auch das Wahrnehmungsbild dem Außenweltsgegenstande gar nicht zu gleichen, der dies Bild über eine lange Reihe von Ursachen und Wirkungen hin hervorruft. Wir müssen also gestehen, daß weder die Empfindungsqualitäten noch die primären (etwa die räumlichen) Qualitäten der Wahrnehmungsbilder den Eigenschaften der Außenweltsgegenstände-an-sich zu gleichen brauchen. Wir können also aus den Wahrnehmungsbildern überhaupt nichts entnehmen, was wir den Gegenständen-an-sich zuschreiben dürften. Die Wahrnehmungsbilder können uns über die Außenweltsgegenstände-an-sich überhaupt nichts lehren.

Nun haben wir aber von den Außenweltsgegenständen gar nichts als die Wahrnehmungsbilder, die von jenen in uns hervorgerufen werden. Sehe ich einen Außenweltsgegenstand an, so habe ich eine Gesichtswahrnehmung von ihm; fasse ich ihn an, so habe ich eine Tastwahrnehmung von ihm; berieche ich ihn, so habe ich unter Umständen eine Geruchswahrnehmung von ihm. Nie kann ich den Außenweltsgegenstand selbst unmittelbar in mein Erkennen aufnehmen; ich kann immer nur Wahrnehmungsbilder von ihm bekommen. Da diese aber, wie wir darlegten, uns nichts über den Außenweltsgegenstand-an-sich zu lehren vermögen, ist derselbe völlig unerkennbar.

Also wären die Außenweltsgegenstände-an-sich gänzlich unerkennbar; wir könnten nur erkennen, wie sie sich uns in den Wahrnehmungsbildern darstellen, wie sie uns erscheinen. Erkennbar sind nicht außerbewußte Außenweltsgegenstände; erkennbar sind nur die in unserem Bewußtsein gegebenen Erscheinungen, die Phänomene, um es griechisch auszudrücken. Man bezeichnet diesen Standpunkt als Phänomenalismus. Der bedeutendste Vertreter des Phänomenalismus ist Kant.

Der Phänomenalismus aber drängt wiederum über sich selbst hinaus. Wenn wir die Außenweltsgegenstände-an-sich gar nicht erkennen können, können wir dann überhaupt erkennen, daß sie existieren? Wie sollten wir das denn feststellen können? Wir haben ja niemals die Außenweltsgegenstände-an-sich; wir haben ja immer nur die Wahrnehmungsbilder. Wir können also gar nicht wissen, ob hinter den Wahrnehmungsbildern Gegenstände-an-sich stehen. Wir haben, so scheint es, keinen Anlaß, solche außerbewußten Gegenstände anzunehmen. Diese Annahme erscheint gänzlich überflüssig. Lassen wir sie also fallen! Verzichten wir auf die überflüssige Annahme einer außerbewußten Außenwelt! Dann bleiben die menschlichen und tierischen Bewußtseine übrig; vielleicht gibt es auch noch höheres, über dem menschlichen stehendes Bewußtsein. Aus Bewußtseinen und aus nichts anderem besteht die Welt, die gesamte Wirklichkeit. Es gibt nichts anderes als das Bewußtsein; jedes Wirkliche ist etwas Bewußtes, gehört zu einem Bewußtsein. Selbstverständlich ist dann auch nur Bewußtes, zu irgendeinem Bewußtsein Gehöriges zu erkennen.

Man kann die soeben entwickelte Auffassung als Bewußtseinsstandpunkt oder „Konszientialismus" bezeichnen. Man wendet auch den Ausdruck „erkenntnistheoretischer Idealismus" darauf an; doch ist dieser philosophische Fachausdruck, wie leider so viele andere, nicht eindeutig.

Der Gedankenweg, der uns vom naiven Realismus über den physikalischen Realismus und Phänomenalismus zum Konszientialismus geführt hat, endigt jedoch nicht bei diesem. Wir haben die außerbewußte Außenwelt abgelehnt, weil sie selbst uns nicht zugänglich, nicht gegeben ist; gegeben sind uns immer nur unsere Wahrnehmungsbilder, Gedächtnisbilder, Gedanken, Gefühle, Wünsche, Willensakte u. dgl., kurz unsere Bewußtseinsinhalte. Diese allein erleben, erfahren, haben wir; darum will der Konszientialismus keine andere Wirklichkeit anerkennen als die des Bewußtseins. Nun erlebe und erfahre i c h aber nur meine eigenen Bewußtseinsinhalte, nicht diejenigen anderer Menschen, anderer Bewußtseine. Die Bewußtseine anderer Menschen und der Tiere liegen ebenso außerhalb meines Bewußtseins wie die außerbewußte Außenwelt; wie diese mir niemals gegeben ist, so sind mir auch jene fremden Bewußtseine niemals gegeben. Wenn ich also nur das als wirklich anerkennen will, was mir gegeben ist und von mir erlebt und erfahren wird, so darf ich nur mein eigenes Bewußtsein als wirklich anerkennen, nicht aber die Bewußtseine meiner Mitmenschen und der Tiere. Nur ich existiere, nur mein Bewußtsein existiert, sonst nichts. Die Mitmenschen, die ich sehe, sind nur Wahrnehmungsbilder in meinem Bewußtsein; sie existieren nicht außerhalb desselben.

Diese Lehre, daß nur ich existiere, nur mein Bewußtsein existiert, sonst nichts, keine anderen Bewußtseine und keine außerbewußte Außenwelt, bezeichnet man als „theoretischen Egoismus" (Ichstandpunkt) oder als „Solipsismus" (Allein-Ich-selbst-Standpunkt).

Es braucht kaum gesagt zu werden, daß kein vernünftiger Mensch den Solipsismus wirklich anerkennt. Schopenhauer hat diesen darum als einen Irrenhausstandpunkt bezeichnet. Doch ist der Solipsismus für den Erkenntnistheoretiker insofern sehr interessant, als er ihm zeigt, wohin die fortschreitende Kritik der Wirklichkeitserkenntnis schließlich führen kann. Wenn der Weg dieser Kritik zu einem Standpunkt hinführt, den niemand einnehmen wird, dann haben wir Anlaß, diesen Weg noch einmal sorgfältig daraufhin zu prüfen, ob er nicht vielleicht an irgendeiner Stelle vom Pfade der Wahrheit abgebogen ist.

Übrigens ist der Solipsismus noch nicht die allerletzte Station auf dem Wege der Wirklichkeitskritik, den wir in diesem Vortrage beschritten haben. Im strengen Sinne ist mir ja nicht mein ganzes Bewußtsein gegeben, sondern nur mein gegenwärtiges Bewußtsein; nur dieses habe ich wirklich und mit voller Sicherheit. Die Annahme meines vergangenen Bewußtseins stützt sich auf die nichtsicherbare Voraussetzung des Erinnerungsvertrauens, die Annahme meines zukünftigen Bewußtseins ferner auf die Regelmäßigkeits- oder die Gesetzmäßigkeitsvoraussetzung. Diese Annahmen sind also nicht gesichert, nicht zwingend. Wenn ich nur jenes Wirkliche gelten lassen will, daß sicher existiert, daß durch meine Wahrnehmung zweifelsfrei feststellbar ist, dann muß ich behaupten, daß nur mein eigenes gegenwärtiges Bewußtsein existiert, daß es außer diesem nichts Wirkliches gibt. Ich will diesen radikalsten Standpunkt, der das äußerste Ende unseres weiten Weges der Wirklichkeitskritik darstellt, als Gegenwarts-Solipsismus bezeichnen.

Überblicken wir noch einmal diesen Gedankenweg! Wir gingen aus vom naiven Realismus, der eine Außenwelt-an-sich anerkennt und annimmt, daß sie erkennbar ist, und zwar so beschaffen ist, wie wir sie wahrnehmen. Auch der physikalische Realismus nimmt eine Außenwelt-an-sich und ihre Erkennbarkeit an; aber hier hat die Kritik der Außenwelt doch schon die Empfindungsqualitäten genommen. Im Phänomenalismus wird die Annahme der Existenz einer Außenwelt-an-sich noch festgehalten; aber die fortschreitende Kritik hat dieser alle erkennbaren Eigenschaften geraubt. So ist die Außenwelt-an-sich unerkennbar geworden, während die Erscheinungen, überhaupt die Bewußtseinsinhalte noch als erkennbar gelten. Der Phänomenalismus zieht also die Grenzen des Erkennens sehr viel enger als der naive und der kritische Realismus. Der Bewußtseinsstandpunkt, der Konszientialismus behält die phänomenalistische Erkenntnisbegrenzung bei, streicht aber die Annahme der Existenz einer Außenwelt-an-sich. Der Solipsismus leugnet auch noch die fremden Bewußtseine, weil sie mir nicht gegeben sind; so bleibt nur mein eigenes Bewußtsein als Gesamtwirklichkeit und als Erkenntnisgebiet übrig. Der Gegenwarts-Solipsismus schließlich läßt nur noch mein gegenwärtiges Bewußtsein als Wirklichkeit und als Erkenntnisgebiet gelten, weil die Annahme einer Vergangenheit und einer Zukunft meines Bewußtseins nicht sichergestellt werden kann.

So hat die fortschreitende, immer radikaler werdende Kritik von jener Wirklichkeit und jenem Erkenntnisgebiet, welche der naive Realismus anerkannte, immer mehr fortgestrichen, bis schließlich fast nichts mehr davon übriggeblieben ist. Jedenfalls kann sich unser Erkennen mit jenem kümmerlichen Rest der Wirklichkeit und des Erkenntnisgebietes, welchen der Gegenwarts-Solipsismus noch übrig läßt, nämlich mit dem eigenen gegenwärtigen Bewußtsein, unmöglich zufrieden geben. Wir hatten ja schon früher festgestellt, daß unser Erkennen schon um der Erhaltung unseres Lebens willen über die Grenzen des eigenen gegenwärtigen Bewußtseins hinaus vordringen muß. Wir werden nun versuchen, von dem Wirklichkeits- und Erkenntnisgebiet, das uns die im heutigen Vortrage entwickelte Kritik zu rauben schien, möglichst viel wieder zurückzuerobern, und die Grenzen der Wirklichkeitserkenntnis so weit auszudehnen, wie es eben möglich ist. Die Sehnsucht nach Erkenntnis drängt dazu, die Grenzen des Erkennens so weit zu stecken, wie es gegenüber der Kritik eben angeht.

Unsere Gegenkritik, die für unser Wirklichkeitserkennen möglichst viel von dem heute zunächst von uns preisgegebenen Erkenntnisgebiet zurückgewinnen möchte, hat sich zunächst gegen den Gegenwarts-Solipsismus zu richten, der die Grenzen der Wirklichkeit und Wirklichkeitserkenntnis am engsten zieht. Dem Gegenwarts-Solipsismus gegenüber haben wir anzuerkennen, daß jeder von uns mit völliger Sicherheit freilich nur sein eigenes gegenwärtiges Bewußtsein feststellen kann. Die Wirklichkeit meines vergangenen und zukünftigen Bewußtseins, der Außenwelt-an-sich und der Bewußtseine meiner Mitgeschöpfe kann ich im Prinzip anzweifeln. Aber damit ist doch absolut noch nicht festgestellt, daß alles dies nicht existiert, daß ich die Wirklichkeit von alledem leugnen muß oder darf.

Wir haben ja bereits gesehen, daß wir dazu gar nicht in der Lage sind, daß vielmehr die Einschränkung auf das eigene gegenwärtige Bewußtsein für unser Erkennen und Leben unmöglich ist. Wir sahen uns darum genötigt und fanden es berechtigt, die bewährten Voraussetzungen des Erinnerungsvertrauens und der Regelmäßigkeit bzw. Gesetzmäßigkeit alles Wirklichen anzuerkennen. Damit ist der Gegenwarts-Solipsismus abgetan; denn die Voraussetzung des Erinnerungsvertrauens eröffnet meinem Erkennen die Vergangenheit, die Regelmäßigkeits- bzw. die Gesetzmäßigkeitsvoraussetzung eröffnet ihm zunächst die Zukunft meines Bewußtseins.

Aber diese Voraussetzungen, zu denen wir das Kausalprinzip noch hinzunehmen können und wollen, leisten noch mehr. Wenn ich sie anerkenne — und wir können nicht umhin und sind berechtigt, sie anzuerkennen —, dann ist wie der Gegenwarts-Solipsismus, so auch der Solipsismus unhaltbar, der nichts Wirkliches außer meinem eigenen vergangenen, gegenwärtigen und zukünftigen Bewußtsein gelten lassen will. Mein vergangenes, gegenwärtiges und zukünftiges Bewußtsein weist neben manchen Regelmäßigkeiten sehr viele Tatsachen auf, die ganz unregelmäßig in ihm auftreten. So treten insbesondere in regellosem Durcheinander sinnliche Wahrnehmungserlebnisse in mein Bewußtsein ein, z. B. solche von Kraftwagen-, Fahrrad- und Straßenbahn-Signalen. Wenn mein Bewußtsein die ganze Wirklichkeit ausmachte, so wäre demnach die Voraussetzung der Gesetzmäßigkeit alles Wirklichen falsch. Und es wäre auch das Kausalprinzip falsch; denn in meinem Bewußtsein finden sich keine Ursachen für jene unregelmäßig auftretenden Sinneswahrnehmungserlebnisse. Da ich nun aber die Gesetzmäßigkeitsvoraussetzung und das Kausalprinzip anerkannt habe, da sie nicht als falsch gelten können, muß ich die Annahme ablehnen, daß nur mein vergangenes, gegenwärtiges und zukünftiges Bewußtsein existieren. Mit anderen Worten: ich muß den Solipsismus ablehnen; ich muß anerkennen, daß es auch außerhalb meines (vergangenen, gegenwärtigen und zukünftigen) Bewußtseins noch Wirkliches gibt.

Wenn die Gesetzmäßigkeitsvoraussetzung und das Kausalprinzip gelten, dann müssen wir aber auch den Konszientialismus verwerfen, der außer meinem Bewußtsein nur die Bewußtseine meiner Mitmenschen und der beseelten Tiere anerkennt, eine Außenwelt außerhalb dieser Bewußtseine aber leugnet. Denn auch wenn ich alle Bewußtseine der Menschen und Tiere als wirklich anerkenne, nicht aber eine außerbewußte Außenwelt, bleiben die Gesetzmäßigkeitsvoraussetzung und das Kausalprinzip undurchführbar. Es würden nämlich auch nach dieser konszientialistischen Auffassung Sinneswahrnehmungs-Erlebnisse ungesetzmäßig und ursachlos auftreten. Angenommen z. B., ich befände mich allein, weit entfernt von allen Menschen und beseelten Tieren, in einem verlassenen Bergwerk, und ich hörte dort ein ganz unregelmäßig auftretendes Knistern meiner Lampe, oder ich sähe ein ebenfalls unregelmäßiges Flackern derselben, so würden diese sinnlichen Bewußtseinsinhalte, die Wahrnehmungserlebnisse des Knisterns und Flackerns, ungesetzmäßig und ursachlos auftreten, wenn sie nicht Ursachen in der außerbewußten Außenwelt hätten. In den Bewußtseinen meiner fernen Mitgeschöpfe, die ja gar nichts mit dem Knistern und Flackern zu tun haben, finden sich die Ursachen dieser meiner Wahrnehmungserlebnisse nicht. Wenn also außer meinem Bewußtseine nur die Bewußtseine der anderen Menschen und Tiere existieren, nicht aber eine außerbewußte Außenwelt, dann sind die Gesetzmäßigkeitsvoraussetzung und das Kausalprinzip falsch. Nun sind diese aber nicht als falsch, sondern als berechtigt und zutreffend zu betrachten; also muß der Konszientialismus verworfen werden, der zwar die Bewußtseine der Menschen und Tiere anerkennt, eine außerbewußte Außenwelt aber leugnet.

Wir müssen eine Außenwelt außerhalb der Bewußtseine der Menschen und Tiere als wirklich anerkennen, weil sonst die Gesetzmäßigkeitsvoraussetzung undurchführbar ist und den Sinneswahrnehmungen die Ursachen fehlen, die sie doch nach dem Kausalprinzip haben müssen.

Wir wollen nun im nächsten Vortrage die Frage behandeln, ob diese Außenwelt erkennbar ist und bis zu welchen Grenzen sie erkennbar ist.

V.

Möglichkeit und Grenzen der Außenweltserkenntnis

Wir haben in unserem letzten Vortrage zunächst durch fortschreitende Kritik die Grenzen der Wirklichkeit und der Wirklichkeitserkenntnis immer enger und enger gezogen, bis endlich im Gegenwarts-Solipsismus nur noch das eigene gegenwärtige Bewußtsein übrigblieb. Dann haben wir durch Gegenkritik die aufgegebenen Wirklichkeitsgebiete zurückerobert; wir haben gesehen, daß wir auf Grund der Voraussetzungen des Erinnerungsvertrauens, sowie der Regelmäßigkeit bzw. Gesetzmäßigkeit des Wirklichen und des Kausalprinzips genötigt sind, außer dem eigenen gegenwärtigen Bewußtsein auch vergangenes und zukünftiges Bewußtsein als wirklich anzuerkennen, daß wir ferner auch darüber, also über den Solipsismus und schließlich auch über den Konszientialismus hinausgehen müssen, daß wir eine Außenwelt außerhalb der menschlichen und tierischen Bewußtseine als wirklich anerkennen müssen.

Der Aufgabe dieser Vorträge entsprechend haben wir nun weniger nach dem Umfange und den Grenzen der Wirklichkeit als nach der Reichweite oder den Grenzen der Wirklichkeitserkenntnis zu fragen. Wir wollen die Grenzen des Naturerkennens bestimmen. Die Natur aber ist jene Außenwelt außerhalb unseres Bewußtseins, die unseren Sinneswahrnehmungen zugrundeliegt, die diese verursacht, und die in den Sinneswahrnehmungen uns als Körperwelt erscheint. Die Frage nach den Grenzen des Naturerkennens läuft also auf die nach den Grenzen der Erkenntnis der außerbewußten Außenwelt hinaus. Nachdem wir uns genötigt sahen, die Wirklichkeit einer außerbewußten Außenwelt anzuerkennen, haben wir also nunmehr zu untersuchen, ob und inwieweit, bis zu welchen Grenzen, diese Außenwelt erkennbar ist.

Nachdem wir die Regelmäßigkeits- bzw. die Gesetzmäßigkeitsvoraussetzung und das Kausalprinzip anerkannt haben, kann von völliger Unerkennbarkeit der außerbewußten Außenwelt nicht mehr die Rede sein. Diese Voraussetzungen fordern ja, daß wie alles Wirkliche so auch die Außenwelt-an-sich überall und allezeit Regeln bzw. Gesetzen gehorcht; und darin liegt schon eine sehr wichtige Erkenntnis bezüglich der Außenwelt-an-sich.

Insbesondere ermöglicht uns das Kausalprinzip Erkenntnisse bezüglich der außerbewußten Außenweltsfaktoren, die wir als Ursachen unserer Sinneswahrnehmungen annehmen müssen. Da die Ursachen für unsere Sinneswahrnehmungen in unserem Bewußtsein nicht zu finden sind, müssen wir sie außerhalb desselben, in einer außerbewußten Außenwelt, suchen. Da nun die Ursache ihrer Wirkung unmittelbar vorangeht, können wir sofort feststellen, daß der außerbewußte Faktor, der z. B. jetzt eine Tonempfindung in meinem Bewußtsein verursacht, soeben in der Außenwelt-an-sich vorhanden war. Wir können demnach zeitliche Feststellungen über Faktoren machen, die der Außenwelt-an-sich angehören. Treten zwei Tonempfindungen nacheinander auf, so müssen auch deren der Außenwelt-an-sich angehörige Ursachen nacheinander aufgetreten sein; denn jeder Tonempfindung ging ihre Ursache unmittelbar vorauf. Wir können also Zeitverhältnisse in der außerbewußten Außenwelt erkennen. Und wir müssen somit Kant widersprechen, wenn er meint, daß die Gegenstände-an-sich unzeitlich seien, also kein Früher und Später aufweisen könnten.

Ferner können wir erkennen, daß es Vorgänge und Veränderungen in der Außenwelt-an-sich gibt. Wenn in unserem Bewußtsein jetzt eine Empfindung auftritt, muß unmittelbar vorher ihre außerbewußte Ursache in der Außenwelt-an-sich aufgetreten sein. Dieses Auftreten der außerbewußten Ursache ist aber ein Vorgang, eine Veränderung in der Außenwelt-an-sich.

Auch Unterschiede können wir in der Außenwelt-an-sich wohl feststellen. Wenn verschiedene Empfindungen auftreten, deren Verschiedenheit sich nicht aus dem Bewußtsein angehörenden Faktoren erklärt, so müssen wohl die außerbewußten Ursachen der verschiedenen Empfindungen ihrerseits verschieden sein. Wenn ich erst einen hohen, dann einen tiefen Ton höre, dann müssen wohl die der außerbewußten Außenwelt angehörigen Ursachen dieser verschiedenen Tonempfindungen nacheinander aufgetreten und verschieden gewesen sein.

Treten drei Tonempfindungen in unserem Bewußtsein auf, so werden wir auch drei zugehörige außerbewußte Ursachen in der Außenwelt-an-sich anzunehmen haben. Wir können also auch Zahlfeststellungen in bezug auf der Außenwelt-an-sich angehörige Faktoren machen.

Demnach sind mancherlei Erkenntnisse bezüglich der Außenwelt-an-sich möglich. Der Phänomenalismus, der die Außenwelt für völlig unerkennbar hält, ist also im Unrecht.

Wenn dem aber so ist, dann gewinnen der naive und der physikalische Realismus, die ja beide eine Erkennbarkeit der Außenwelt behaupten, für uns ein besonderes Interesse. Beide leisten nämlich Erstaunliches in der Erklärung des Auftretens und in der Voraussage unserer Wahrnehmungsbilder, also der Gesichtswahrnehmungen, Tastwahrnehmungen usw., und diese Leistungen werden nur verständlich, wenn man annimmt, daß beide, der naive und der physikalische Realismus, in wesentlichen Punkten recht haben. Beide behaupten nun, Erkenntnisse über die außerbewußte Außenwelt gewinnen zu können, und gerade mit diesen ihren angeblichen oder wirklichen Erkenntnissen bezüglich der Außenwelt-an-sich gelingt es ihnen, mit so viel Erfolg das Auftreten unserer Wahrnehmungsbilder zu erklären und vorauszusagen. Nun haben wir uns vorhin klargemacht, daß tatsächlich im Prinzip Erkenntnisse über die Außenwelt-an-sich möglich sind, daß also der naive und der physikalische Realismus im Recht sind, wenn sie solche Erkenntnisse für erreichbar halten. Sollten sie also nicht auch mit ihren Erkenntnissen bezüglich der Außenwelt-an-sich, durch die sie so vieles im Erklären und Voraussagen des Auftretens der Wahrnehmungsbilder leisten, im Recht sein, wenigstens in wesentlichen Punkten?

Besonders die physikalisch-realistische Auffassung der Naturwissenschaft bewährt sich in der Erklärung des Auftretens unserer Wahrnehmungsbilder, also dessen, was wir sehen, hören usw., auf das beste. Unsere Wahrnehmungsbilder treten immerfort so auf, als ob die Naturgegenstände so, wie sie von den Naturwissenschaften bestimmt werden, als Außenweltsgegenstände-an-sich existierten und unsere Wahrnehmungsbilder hervorriefen. Da ist es doch wohl eine sehr naheliegende und wahrscheinliche Annahme, daß tatsächlich die Naturgegenstände so oder nahezu so, wie sie von den Naturwissenschaften bestimmt werden, als Außenweltsgegenstände-an-sich existieren. Wenn es überhaupt keine Außenweltsgegenstände-an-sich gibt, wie der Konszientialismus meint, oder wenn diese Gegenstände-an-sich gänzlich unerkennbar sind, wie der Phänomenalismus lehrt, so versteht man absolut nicht, warum unsere Wahrnehmungsbilder gerade so auftreten, als ob die Naturgegenstände so, wie sie von der Physik, Chemie usw. bestimmt werden, in einer außerbewußten Außenwelt-an-sich existierten.

Betrachten wir nun die Erklärungs- und Voraussageleistungen in bezug auf unsere Sinneswahrnehmungsbilder noch etwas genauer! Ich sehe vor mir auf meinem Tisch eine Vase, die unten grün und oben blau gefärbt ist. Wenn ich nun die Augen schließe oder den Kopf wegwende, so verschwindet das Wahrnehmungsbild der Vase aus meinem Bewußtsein. Wenn ich dann aber die Augen wieder öffne bzw. den Kopf zurückwende, so tritt sogleich das Wahrnehmungsbild meiner Vase mit dem Grün unten und dem Blau oben wieder auf. Diese Wiederkehr des Wahrnehmungsbildes kann der naive Realismus höchst einfach erklären und voraussagen. Er nimmt eben an, daß die Vase mit ihrem Grün und Blau, so wie ich sie wahrnehme, unabhängig von meinem Bewußtsein in der Außenwelt-an-sich existiert und dort fortexistiert, wenn ich die Augen schließe und öffne, den Kopf weg- und wieder zurückwende. Öffne ich die Augen wieder bzw. wende ich den Kopf der Vase wieder zu, so sehe ich sie einfach deshalb wieder mit ihrem Grün und Blau, weil sie mit ihren Farben in der Außenwelt-an-sich fortbesteht, und weil ich sie bei offenen Augen und zugewandtem Blick so wahrnehme, wie sie unabhängig von meinem Bewußtsein in der Außenwelt-an-sich existiert. So erklärt sich also die Wiederkehr des Wahrnehmungsbildes höchst einfach aus der von unserem Bewußtsein unabhängigen Existenz und Fortexistenz des Außenweltsgegenstandes, die der naive Realismus annimmt.

Der Konszientialismus hingegen kann diese Wiederkehr des Wahrnehmungsbildes nicht erklären. Er leugnet ja außerbewußte Außenweltsgegenstände. Er kann also nicht die Wiederkehr des Wahrnehmungsbildes durch die Fortexistenz des ihm zugrundeliegenden außerbewußten Außenweltsgegenstandes erklärlich machen. Er kann nur sagen, es sei nun einmal so, daß Gesichtswahrnehmungsbilder, die mit dem Schließen der Augen verschwänden, beim Wiederöffnen der Augen wieder aufträten, geradeso, als ob ihnen fortexistierende Außenweltsobjekte zugrunde lägen, wie der

Realismus es behauptet. Wir werden nun freilich aus dem Umstande, daß die Wahrnehmungsbilder so auftreten, als ob der Realismus recht hätte, entnehmen, daß er wohl tatsächlich recht haben wird, wenigstens in wesentlichen Punkten.

Übrigens kann auch der Phänomenalismus das Wiederauftreten der Wahrnehmungsbilder beim Wiederöffnen der Augen nicht erklären und voraussagen. Er nimmt zwar eine Außenwelt-an-sich an, glaubt aber, daß wir von ihr gar nichts wissen, über Außenweltsgegenstände-an-sich gar nichts behaupten können. Dann können wir also auch gar nicht behaupten, daß irgendein Außenweltsgegenstand fortexistiert, während wir die Augen schließen, und bis wir sie wieder öffnen; wir können also auch nicht durch die Fortexistenz des zugrundeliegenden Außenweltsgegenstandes das Wiederauftreten des Wahrnehmungsbildes erklären. Auch der Phänomenalismus kann demnach keine Erklärung für dies Wiederauftreten bieten, während der Realismus dasselbe in sehr einleuchtender Weise verständlich macht.

Die besondere Annahme des naiven Realismus, daß die Außenweltsdinge-an-sich so beschaffen sind, wie wir sie wahrnehmen, daß z. B. unsere Vase auch als außerbewußter Außenweltsgegenstand oben blau und unten grün ist, bleibt nun freilich den im vorigen Vortrage angeführten Bedenken ausgesetzt. Die Eigenschaft des Außenweltsgegenstandes-an-sich, die in unserem Bewußtsein, in unserer Sinneswahrnehmung die Blauempfindung bewirkt, braucht der Blauqualität dieser Empfindung gar nicht gleich oder ähnlich zu sein; denn die Ursache kann von ihrer Wirkung außerordentlich verschieden sein. Es wäre also willkürlich und unberechtigt, wenn wir mit dem naiven Realismus die Empfindungsqualitäten, wie blau, süß usw., den sie bewirkenden Außenweltsgegenständen-an-sich zuschreiben würden.

Aber auch wenn wir auf diese Willkür verzichten und die Empfindungsqualitäten als subjektiv, als den Außenweltsgegenständen-an-sich nicht zukommend betrachten, brauchen die Erklärungs- und Voraussageleistungen des Realismus nicht verloren zu gehen. Wir brauchen nur den naiven Realismus einer Art Läuterung zu unterziehen; wir brauchen nur anzunehmen, daß zwar nicht die Empfindungsqualitäten, wohl aber diesen zugrundeliegende und entsprechende Eigenschaften, die wir Beschaffenheiten-an-sich nennen wollen, den Außenweltsgegenständen-an-sich zukommen. Wenn z. B. unsere Vase im Wahrnehmungsbilde oben blau ist, so werden wir annehmen, daß zwar der ihr zugrundeliegende Außenweltsgegenstand-an-sich, die „Vase-an-sich", nicht ebenso diese Blau-Qualität besitzt, daß er aber eine dem Blau entsprechende „Beschaffenheit-an-sich" besitzt, die in der Sinneswahrnehmung die Blau-Qualität hervorruft. Wir wollen diese Beschaffenheit-an-sich, die in unserer Sinneswahrnehmung die Blau-Qualität hervorruft, als „Blau-an-sich" bezeichnen, haben dabei aber zu betonen, daß dies Blau-an-sich von der Empfindungsqualität Blau ganz verschieden sein mag. Ebenso liegt der Empfindungsqualität Süß, die wir am Zucker finden, ein „Süß-an-sich" zugrunde, eine uns unbekannte Beschaffenheit-an-sich des „Zuckers-an-sich", die von der Empfindungsqualität Süß völlig verschieden sein kann.

Die realistische Auffassung, zu der wir so gelangt sind, vermag das Wiederauftreten der Gesichtswahrnehmungen nach Schließen und Wiederöffnen der Augen ebensogut zu erklären wie der naive Realismus. Wir sehen unsere Vase nach Schließen und Wiederöffnen der Augen wie vorher oben blau, weil die Vase-an-sich mit ihrem Blau-an-sich in der Außenwelt-an-sich fortexistiert hat, als wir die Augen schlossen und wieder öffneten. Die unverändert fortexistierende Beschaffenheit-an-sich, das Blau-an-sich, bewirkt nach dem Schließen und Wiederöffnen der Augen dieselbe Empfindungsqualität Blau wie vorher. Wir können also nunmehr die Wiederkehr der Wahrnehmungsbilder und Empfindungsqualitäten erklären, ohne die willkürliche Annahme des naiven Realismus zu vertreten, daß die Empfindungsqualitäten den Außenweltsgegenständen-an-sich zukommen.

Auch der physikalische Realismus verzichtet auf diese willkürliche Annahme; auch er schreibt z. B. die Empfindungsqualität Süß nicht dem Zucker-an-sich zu, sondern er nimmt an, daß dieser irgendeine Beschaffenheit-an-sich besitzt, die in unserer Sinneswahrnehmung die Süßempfindung hervorzurufen vermag. Aber auch der physikalische Realismus bedarf noch einer Läuterung, die der soeben beim naiven Realismus vorgenommenen entspricht. Denn wie der naive Realismus unberechtigterweise die Empfindungsqualitäten (wie Blau, Süß) den Außenweltsgegenständen-an-sich zuschreibt, statt ihnen nur entsprechende

Beschaffenheiten-an-sich (Blau-an-sich, Süß-an-sich) zuzuschreiben, so schreibt der physikalische Realismus (wie übrigens auch der naive) den Außenweltsgegenständen unberechtigterweise räumliche Eigenschaften statt irgendwelcher diesen entsprechenden Beschaffenheiten-an-sich zu. Diese Annahme, daß den räumlichen Eigenschaften in den Wahrnehmungsbildern auch räumliche Eigenschaften in der Außenwelt-an-sich als Ursachen zugrundeliegen, ist willkürlich; da die Ursachen von den Wirkungen völlig verschieden sein können, können auch die der Außenwelt-an-sich angehörigen Beschaffenheiten-an-sich, welche in unseren Wahrnehmungsbildern deren räumliche Eigenschaften bewirken, von diesen völlig verschieden sein. Gewiß muß dem Nebeneinander zweier Punkte im Wahrnehmungsbilde oder der wahrgenommenen Kreisgestalt irgend etwas in der Außenwelt-an-sich zugrundeliegen; aber wie dies Zugrundeliegende beschaffen ist, das wissen wir nicht. Wir wollen die Außenwelts-Beschaffenheiten-an-sich, die den räumlichen Eigenschaften der Wahrnehmungsbilder zugrundeliegen, als außenweltsräumliche Beschaffenheiten bezeichnen. Dann haben wir festzustellen, daß wir das Wesen der außenweltsräumlichen Beschaffenheiten (Beziehungen, Gestalten, Größen) gar nicht kennen, und daß sie von den wahrnehmungsräumlichen Eigenschaften (Beziehungen, Gestalten, Größen) sehr verschieden sein können. Unter wahrnehmungsräumlichen oder phänomenalen räumlichen Eigenschaften verstehe ich dabei die räumlichen Eigenschaften unserer Wahrnehmungsbilder.

Wenn nun sowohl die den Sinnesqualitäten zugrundeliegenden Beschaffenheiten-an-sich als auch die außenweltsräumlichen Eigenschaften uns ihrem Wesen nach unbekannt sind, bleibt dann überhaupt noch eine Erkenntnis der Außenwelt-an-sich übrig? Sind wir nicht wieder beim Phänomenalismus angelangt, der zwar das Wirklichsein einer Außenwelt-an-sich bejaht, diese aber für gänzlich unerkennbar hält?

Ohne Zweifel haben wir uns dem Phänomenalismus wieder genähert; wir sind aber doch noch ein gut Stück von ihm entfernt geblieben. Wir haben selbstverständlich an dem Ergebnis unserer früheren Überlegungen festzuhalten, daß mancherlei Erkenntnisse bezüglich der außerbewußten Außenwelt gewonnen werden können; so sind Zeitverhältnisse, Zahlverhältnisse, Vorgänge, Veränderungen und Unterschiede in ihr feststellbar. Auch bezüglich der außenweltsräumlichen Eigenschaften fehlt uns keineswegs jede Erkenntnis, wenn wir auch das eigentliche Wesen dieser Eigenschaften nicht kennen. Und Entsprechendes gilt bezüglich der Außenweltsbeschaffenheiten-an-sich, welche unseren Empfindungsqualitäten zugrundeliegen. Dies wollen wir uns zunächst klarmachen.

Das Wesen des Blau-an-sich, welches in der Außenwelt-an-sich unserer Blauempfindung zugrunde liegt, kennen wir nicht; ebensowenig das Wesen des Rot-an-sich. Aber weil die Wirkungen, die Blauempfindung und die Rotempfindung, verschieden sind, werden auch die zugrundeliegenden Ursachen, das Blau-an-sich und das Rot-an-sich in der Außenwelt, verschieden sein. Wenn wir nun auch das Wesen des Blau-an-sich und des Rot-an-sich nicht kennen, so wissen wir doch, daß diese beiden Beschaffenheiten-an-sich verschieden sind, entsprechend der Verschiedenheit der Empfindungsqualitäten Blau und Rot. Und so können uns das Blau und Rot das zugrundeliegende Blau-an-sich und Rot-an-sich gleichsam vertreten. So fahren wir ja auch fort, den Kupfervitriol blau und den Zinnober rot zu nennen, auch wenn wir uns darüber klar sind, daß die Empfindungsqualitäten Blau und Rot dabei nur Repräsentanten von bestimmten Beschaffenheiten-an-sich an diesen Außenweltsgegenständen sind.

Analoges gilt nun auch von den außenweltsräumlichen Eigenschaften (Beziehungen, Gestalten und Größen). Wir kennen das Wesen der außenweltsräumlichen Eigenschaften nicht, aber sie müssen doch den wahrnehmungsräumlichen Eigenschaften und jenen räumlichen Eigenschaften, die der Naturforscher durch Beobachtung, Messung und Rechnung bestimmt, entsprechen. So muß dem Nebeneinander eine bestimmte „außenweltsräumliche Beziehung", das „Außenweltsnebeneinander" entsprechen, so der Kugelform eine „Außenweltskugelform", usw. Was das „Außenweltsnebeneinander", die „Außenweltskugelform", der „Außenweltsabstand" eigentlich sind, wissen wir nicht; aber da ihnen das Nebeneinander, die Kugelform, der Abstand in der von uns wahrgenommenen und durch Messung genauer bestimmten Erscheinungswelt entsprechen, können dieses uns bekannte Nebeneinander, die uns bekannte Kugelform, der uns bekannte, etwa der gemessene Abstand uns das Außenweltsnebeneinander, die Außenweltskugelform, den

Außenweltsabstand vertreten. Und so kann überhaupt die durch Wahrnehmung, Messung und Rechnung bestimmte Raumwelt des Physikers die „Außenweltsräumlichkeit" vertreten, sie gleichsam wiedergeben oder repräsentieren.

Darum beeinträchtigt unsere Unkenntnis des Wesens der Außenweltsräumlichkeit nicht die Erklärungs- und Voraussageleistungen der Naturwissenschaft. Wir brauchen nur anzunehmen, daß die Außenweltsräumlichkeit der vom Naturforscher durch Wahrnehmung, Messung und Berechnung bestimmten Räumlichkeit eindeutig entspricht; dann gibt eben diese Räumlichkeit die Außenweltsräumlichkeit wieder; sie gibt gleichsam ein eindeutiges Abbild von letzterer; sie kann so die Außenweltsräumlichkeit aufs beste vertreten.

Demnach ist die Außenweltsräumlichkeit doch nicht gänzlich unbekannt. Wir können von ihr aussagen, daß sie der durch Wahrnehmung, Messung und Rechnung bestimmten Räumlichkeit der Naturwissenschaft eindeutig entspricht. Wir dürfen annehmen, daß diese naturwissenschaftliche Räumlichkeit die Außenweltsräumlichkeit gleichsam abspiegelt oder wiedergibt. Auch in dieser Beziehung unterscheidet sich die Auffassung, zu der wir jetzt gelangt sind, vom Phänomenalismus. Wir bezeichnen diese Auffassung als geläuterten physikalischen Realismus oder als kritischen Realismus.

Nach dem Ausgeführten erscheint uns der geläuterte physikalische oder kritische Realismus als befriedigende Lösung der Außenweltsfrage. Er wird der Gesetzmäßigkeitsvoraussetzung und dem Kausalprinzip gerecht, und er macht die glänzenden Leistungen der Naturwissenschaften im Erklären und Voraussagen unserer Sinneswahrnehmungen verständlich, ohne sich mit unberechtigten Annahmen zu belasten.

Wo liegen nun nach diesem kritischen Realismus die Grenzen des Naturerkennens? Wir können seinen Umfang, seine Reichweite, etwa durch folgende Sätze festlegen: Auch die Natur, die in der Sinneswahrnehmung uns als Körperwelt erscheinende Außenwelt-an-sich, entspricht der Gesetzmäßigkeitsvoraussetzung und dem Kausalprinzip. Wir können Beziehungen, Unterschiede, Vorgänge, Veränderungen in der Außenwelt-an-sich feststellen. Zeitliche Eigenschaften der Außenwelt-an-sich sind erkennbar. Ebenso ist zahlenmäßige Erkenntnis derselben möglich. Die den Empfindungsqualitäten entsprechenden Beschaffenheiten-an-sich und die den räumlichen Eigenschaften und Beziehungen zugrundeliegenden außenweltsräumlichen Eigenschaften und Beziehungen können in ihrem inneren Wesen nicht erkannt werden; doch können die Empfindungsqualitäten Beschaffenheiten-an-sich gleichsam vertreten, und die naturwissenschaftlich bestimmte Räumlichkeit gibt die Außenweltsräumlichkeit eindeutig wieder.

Zusammenfassend können wir nun sagen: Unser Naturerkennen erfaßt nur ,,formale" Züge der Außenwelt-an-sich, d. h. nur solche Züge, die gleichsam deren Form betreffen, z. B. Unterschiede, zeitliche und Zahleigenschaften, sowie sie betreffende Gesetzmäßigkeiten. Nur die Form der Außenwelt-an-sich, nicht ihre inneren Eigenschaften, ihr

„inneres Wesen", ist dem Naturerkennen zugänglich. Damit sind die Grenzen des Naturerkennens festgelegt.

Es hat sich den Naturforschern oftmals der Gedanke aufgedrängt, daß sie das innere Wesen der außerbewußten Außenwelt, etwa der Materie und ihrer Kräfte, nicht zu erkennen vermögen. Unsere erkenntnistheoretischen Untersuchungen bestätigen diese Auffassung. Allerdings bleibt noch die Frage offen, ob etwa der Metaphysiker auf einem anderen als dem naturwissenschaftlichen Wege ins „Innere der Natur" eindringen könne.

VI.
Metaphysische Ausblicke.
Die Erkenntnis der lebenden Natur

Wir haben in unserem vorigen Vortrage aus den Grundlagen unserer Wirklichkeitserkenntnis die Grenzen unseres Erkennens der Natur bestimmt. Unter der Natur verstanden wir die außerbewußte Außenwelt, welche uns als Körperwelt erscheint, indem sie die Sinneswahrnehmungen in unserem Bewußtsein hervorruft. Da man aus der Wirkung das innere Wesen der Ursache nicht entnehmen kann, muß beim Erkennen der Natur aus den Wirkungen, den Sinneswahrnehmungen, die sie in uns verursacht, ihr inneres Wesen unbekannt bleiben; nur die „Form" der Natur, der Außenwelt-an-sich, die Beziehungen und Gesetzmäßigkeiten in ihr, die Veränderungen, die Zeit- und Zahlverhältnisse usw., spiegeln sich gleichsam ab in unseren Sinneswahrnehmungen und sind daher aus ihnen erkennbar. Damit ist die Grenze des naturwissenschaftlichen, überall von der Sinneswahrnehmung, der sinnlichen Beobachtung ausgehenden Erkennens festgelegt.

Wenn wir nun auch das innere Wesen der Natur, der in der Sinneswahrnehmung uns als Körperwelt erscheinenden Außenwelt-an-sich, von ihren Wirkungen, den Sinneswahrnehmungen aus nicht erkennen können, so schließt das selbstverständlich nicht aus, daß die Natur ein inneres Wesen mit diesen oder jenen Eigenschaften in sich birgt. Es könnte z. B. so etwas wie Lust und Schmerz, Begehren und Widerstreben im inneren Wesen der Außenwelt-an-sich, z. B. der Atome-an-sich geben. Es ist sogar ein naheliegender Gedanke, daß die Anziehung und die Abstoßung von Naturgegenständen (z. B. von Elektrizitätsteilchen) die Äußerungen eines Annäherungsbegehrens und eines seelischen Widerstrebens sind. Seit Jahrtausenden haben Metaphysiker Ähnliches vermutet. Daß die Naturkräfte ihrem inneren Wesen nach Triebe, Begehrungen, Willensneigungen oder etwas Ähnliches, also etwas Seelisches oder dem Seelischen Verwandtes seien, ist bis in die jüngste Zeit von Philosophen und von Naturforschern angenommen worden.

In der Tat sprechen beachtenswerte Gründe für eine „psychistische" Auffassung der Natur, für die Annahme, daß die Außenwelt-an-sich, überhaupt die gesamte Wirklichkeit von seelischer Beschaffenheit ist. Wir kennen aus der Wahrnehmung, der Erfahrung, nur ein kleines Stückchen der Wirklichkeit, nämlich unser eigenes Bewußtsein; wenn wir nun überhaupt das Wesen des außerbewußten Wirklichen und der Gesamtwirklichkeit erschließen wollen, dann ist das wohl nur so möglich, daß wir von dem uns aus der Erfahrung bekannten Wirklichen auf das außerbewußte Wirkliche und auf die Gesamtwirklichkeit schließen. Wir werden dann etwa folgern: Weil das uns aus eigener Erfahrung bekannte Wirkliche, unser eigenes Bewußtsein, seelischen Wesens ist, wird auch das Gesamtwirkliche, also auch die außerbewußte Außenwelt, seelischen Wesens sein. Wie wir vom Zipfelchen eines Tuches auf das ganze Tuch schließen, so schließen wir vom Wirklichkeitszipfelchen unseres Bewußtseins auf das Gesamtwirkliche und sein Wesen.

Für die Berechtigung dieses Schlusses auf die seelische Beschaffenheit des Gesamtwirklichen und insbesondere der Außenwelt-an-sich läßt sich noch geltend machen, daß in formaler Hinsicht und im allgemeinen Verhalten unser Bewußtsein und die außerbewußte Außenwelt in wichtigen Punkten übereinstimmen. Wie unser Bewußtsein in der Zeit liegt, so auch die außerbewußte Außenwelt; wie jenes, so scheint auch diese der Gesetzmäßigkeitsvoraussetzung und dem Kausalprinzip zu entsprechen. Vielleicht dürfen wir aus diesen formalen Übereinstimmungen auch auf Übereinstimmungen im inneren Wesen schließen und darum vermuten, daß wie unser Bewußtsein, so auch die außerbewußte Außenwelt und schließlich das Gesamtwirkliche seelischen Wesens oder dem Seelischen wenigstens verwandt sein werden.

Demnach wird man die Annahme, daß die Außenweltsgegenstände-an-sich, z. B. die Atome-an-sich, seelischen Wesens sind, als nicht-unbegründet und nicht-unwahrscheinlich betrachten dürfen. Der Versuch einer näheren Bestimmung dieses Seelischen, in welchem die außerbewußte Außenwelt bestehen mag, wird freilich im besten Falle nicht viel weiter führen. Man mag etwa, wie oben schon angedeutet wurde, noch vermuten, daß in den Naturkräften sich trieb- oder willensartige Regungen offenbaren. Dann wird aber auch die Grenze der metaphysischen Erkenntnis der uns körperlich erscheinenden Außenwelt-an-sich erreicht sein.

Und doch kann uns das Naturerkennen noch weiteres wichtiges Material für metaphysische Betrachtungen, für die Behandlung von wichtigen Weltanschauungsfragen liefern. Wir haben bisher ganz im allgemeinen von der Natur, der uns körperlich erscheinenden, außerbewußten Außenwelt gesprochen; wir haben noch außer Betracht gelassen, daß aus dem Ganzen der Natur sich die lebende, organische Natur durch eine Reihe staunenswerter Eigentümlichkeiten heraushebt.

Alle Lebewesen stimmen in gewissen Grundzügen überein; sie alle zeigen Stoffwechsel, Wachstum, Fortpflanzung, Vererbung, Reizbarkeit usw. Nun gibt es zwar auch in der toten Natur Vorgänge, die an die Prozesse des Stoffwechsels oder des Wachstums z. B. erinnern; aber in ihrer Gesamtheit finden wir die genannten Vorgänge und Fähigkeiten doch nur bei den Lebewesen, die sich dadurch deutlich von allen unbelebten Gegenständen unterscheiden. Nahe liegt es nun, diese Eigenart der Lebewesen durch die Annahme zu erklären, daß in ihnen ein besonderer lebendig machender Faktor vorhanden und wirksam sei, der in der toten, der anorganischen Natur fehle. Der lebende Organismus erscheint reicher an Fähigkeiten und an Aktivität als der abgestorbene; das erweckt den Eindruck, daß im lebenden Wesen ein lebendig machender Faktor wirke, der dem abgestorbenen verlorengegangen sei.

So ist frühzeitig die vitalistische Auffassung vom Wesen

des Lebens entstanden, welche besagt, daß im lebenden Leibe außer den auch in der toten Natur vorkommenden, den physikalischen und chemischen Faktoren noch andere, nur im Lebendigen vorkommende und dieses lebendig machende Faktoren, besondere Lebensfaktoren oder Lebenskräfte wirken. Diesem „Vitalismus" steht in der Lehre vom Leben in Biologie und Philosophie von alters her der „Mechanismus" gegenüber, welcher lehrt, daß im lebenden Leibe alles rein physikalisch und chemisch zugeht, daß keine anderen Faktoren in ihm wirken, wie in der toten Natur. Die lebenden Wesen unterscheiden sich nach mechanistischer Auffassung von toten Gebilden nur durch die eigentümliche Bauart und das durch sie bedingte staunenswerte Zusammenspiel der Kräfte; aber es sind ausschließlich die physikalischen und chemischen Kräfte der toten Natur, die im Lebewesen vorkommen und wirken. Das Lebewesen wäre also nach dieser Auffassung etwas Ähnliches wie eine Maschine.

Die vitalistische Auffassung begegnet uns nun noch in einer wichtigen besonderen Ausprägung. Wir kennen in uns selbst und in den höheren Tieren einen sehr bedeutsamen Faktor, der nicht physikalischer oder chemischer Art ist, nämlich das Seelische. Und dieser Faktor hängt bei uns mit dem Leben eng zusammen; beim Sterben geht das Seelische dem Leibe offenbar verloren. Da liegt nun die Auffassung ganz nahe — und sie ist in der Tat uralt, viel älter als alle Wissenschaft —, daß das Sterben des Menschen gerade darauf beruht, daß dem Leib das Seelische verlorengeht. Und umgekehrt würde dann das Leben gerade auf dem Vorhandensein und Wirken des Seelischen im Leibe beruhen. Das Seelische wäre demnach der besondere Lebensfaktor, der uns und ebenso alle anderen Lebewesen lebendig macht, der ihren grundsätzlichen Unterschied gegenüber allen toten Gebilden bedingt. Wir bezeichnen diese besondere Ausprägung des Vitalismus als Psychovitalismus.

Ist nun eine Entscheidung zwischen Mechanismus, Vitalismus und Psychovitalismus möglich, oder überschreiten wir mit diesem Problem, mit der Frage nach dem Wesen des Lebendigen, die Grenzen des Erkennens?

Es ist nicht einzusehen, warum diese Frage grundsätzlich über die Grenzen des Erkennens hinausführen sollte. Unterschiede in der außerbewußten Außenwelt sind, wie wir im vorigen Vortrage festgestellt haben, im Prinzip erkennbar. So erscheint es auch im Prinzip möglich, die Frage zu beantworten, ob zwischen Lebewesen und toten Gebilden insofern ein wesentlicher Unterschied besteht, als in den Lebewesen Faktoren vorhanden und wirksam sind, die sich von den physikalischen und chemischen Faktoren unterscheiden. Grundsätzlich erscheint also eine Entscheidung zwischen dem Vitalismus, der nicht-physikochemische Faktoren in den Lebewesen annimmt, und dem Mechanismus, der solche Faktoren leugnet, sehr wohl möglich. Und ebenso erscheint es prinzipiell möglich, zu entscheiden, ob der Psychovitalismus im Recht ist. Hier handelt es sich ja darum, festzustellen, ob die eigenartigen Lebensvorgänge auf der Wirkung seelischer Faktoren beruhen. Da wir nun aus der Erfahrung mancherlei darüber wissen, welche Wirkungen von seelischen Faktoren, z. B. von Verstand und Wille, hervorgebracht werden, können wir sehr wohl prüfen, ob Lebensvorgänge den Charakter von Wirkungen seelischer Faktoren tragen.

Grundsätzlich liegt also die Entscheidung zwischen Mechanismus, Vitalismus und Psychovitalismus nicht jenseits der Grenzen unseres Erkennens. Eine andere Frage ist es natürlich, ob wir tatsächlich zu einer Entscheidung gelangen können. Es gibt ja viele Probleme, die grundsätzlich keineswegs über die Grenzen des Erkennens hinausführen, wegen irgendwelcher praktischer Schwierigkeiten jedoch nicht gelöst werden können. So kann ich wegen praktischer Schwierigkeiten nicht einmal die Frage genau beantworten, wie viele Haare ich auf dem Kopf habe, eine Frage, die gewiß nicht grundsätzlich über die Grenzen des Erkennens hinausführt.

Wir können die Frage, ob der Mechanismus, der Vitalismus oder der Psychovitalismus im Recht ist, nicht mit völliger Sicherheit entscheiden. Wir können eben nicht bei allen Lebensvorgängen direkt zeigen, daß dabei nur physikalische und chemische Faktoren im Spiele sind, wie der Mechanismus meint; wir können aber auch die besonderen, nicht-physikochemischen Lebensfaktoren, die der Vitalismus annimmt, nicht direkt aufweisen; und das Gleiche gilt von den seelischen Lebensfaktoren, auf die der Psychovitalismus die Eigenart der Lebensvorgänge, die Besonderheit des Lebendigen gegenüber dem Toten zurückführen möchte. Wir müssen also zum Zwecke der vorurteilsfreien Wahl zwischen den drei genannten Auffassungen vom

Wesen des Lebens' wohl sorgfältig prüfen, welche von ihnen die Lebensvorgänge am ehesten und ungezwungensten zu erklären vermag.

Diese Prüfung kann in den zehn Minuten, die mir für meinen Vortrag noch zur Verfügung stehen, nicht wohl durchgeführt werden; sie gehört auch nicht unbedingt zu unserem Thema. Doch möchte ich immerhin noch kurz darauf hinweisen, daß sehr Vieles für die psychovitalistische Hypothese spricht, die mir in der Tat als die nächstliegende Auffassung des organischen Lebens erscheint.

Zunächst kann man bemerkenswerte Gründe für die Ansicht anführen, daß alle Organe und Zellen unseres Leibes, aber auch alle anderen Lebewesen und ihre lebenden Teile beseelt sind. Unser Großhirn, das zweifellos beseelt ist, stammt wie unser ganzer Leib von einer befruchteten Eizelle ab; woher sollte es wohl seine Beseelung haben, wenn die befruchtete Eizelle nicht selbst schon beseelt war! War diese aber beseelt, so müssen auch wohl die Zellen der Geschlechtsdrüsen, aus denen sie stammt, beseelt gewesen sein. Und wenn die befruchtete Eizelle beseelt war, aus der alle Zellen, alle Organe unseres Leibes hervorgegangen sind, werden dann nicht alle diese Zellen, alle unsere Organe beseelt sein!

Wenn die Abstammungslehre zu Recht besteht, haben sich die höheren, zweifellos beseelten Tiere und der Mensch aus niederen, und zwar nach der vorherrschenden Auffassung aus äußerst einfachen Lebewesen entwickelt. Dann werden aber auch wohl schon diese primitivsten Lebewesen beseelt gewesen sein; denn es ist kaum anzunehmen, daß die Beseelung erst auf einer gewissen Entwicklungsstufe des Tierreiches plötzlich als etwas ganz Neues aufgetreten ist.

Auch ganz abgesehen von der Entwicklungslehre drängt manches zu der Auffassung hin, daß alle Lebewesen beseelt sind. Jeder Versuch, irgendwo im Organismenreich eine Grenzlinie zwischen beseelten und unbeseelten Lebewesen zu ziehen, erweist sich als willkürlich. Schon bei einfachen einzelligen Lebewesen, auch bei pflanzlichen, finden wir Bewegungsformen, die beim Menschen eng mit seelischen Vorgängen verknüpft sind; so die sogenannten Probierbewegungen, die zum Nützlichen hinführenden Annäherungsbewegungen und die vom Schädlichen fortführenden Fluchtbewegungen. Beim Menschen hängen die Annäherungsbewegungen mit Begehren und Lust, die Fluchtbewegungen mit Widerstreben, Unlust und Angst zusammen; werden nicht auch bei einzelligen Lebewesen mit diesen Bewegungen ähnliche seelische Regungen verbunden sein? Ferner legen die Sinnesorgane, die sich bei vielen Pflanzen finden, die Auffassung nahe, daß auch pflanzliche Lebewesen sinnlich-seelische Vorgänge erleben.

Es fehlt mir die Zeit, alle die Gründe hier darzulegen, die für die Annahme einer Beseelung aller Lebewesen und aller ihrer Teile sprechen. Lassen wir diese Annahme aber gelten, so liegt es sehr nahe, gerade in der Beseelung der Lebewesen den Faktor zu erblicken, der sie lebendig macht und der sie von allen toten Gebilden unterscheidet. Das schließt nun keineswegs die im ersten Teile dieses Vortrages von uns begründete Vermutung aus, daß schon die tote Natur an sich etwas Seelisches ist. Die Beseelung, die alles Lebendige lebendig macht und es gegenüber der toten Natur auszeichnet, wird dann ein gleichsam übergeordnetes Seelisches darstellen, das zu dem seelischen Inneren der toten Natur noch hinzukommt.

Die psychovitalistische Annahme, daß seelische Faktoren überall in den Lebewesen wirksam sind, wird fernerhin stark durch den Umstand begünstigt, daß viele Vorgänge im lebenden Leibe geradezu den Eindruck erwecken, von Seelischem beeinflußt und geführt zu sein. Schon wenn wir die Entwicklungsvorgänge betrachten, durch die bei der Fortpflanzung aus den Keimzellen schließlich fertige, den Eltern gleichende Organismen entstehen, können wir diesen Eindruck gewinnen. Bei diesen Entwicklungsvorgängen führt ein kompliziertes Geschehen mit zahllosen Zellteilungen, Zellumlagerungen, Zellumformungen usw. zu der Gestaltung der fertigen Lebewesen; es ist, wie wenn ein Baugedanke den ganzen Aufbau einheitlich und zielstrebig leitete.

Besonders merkwürdig ist aber die Feststellung Drieschs, daß nach der Zerlegung eines Seeigelkeimes in mehrere Teile aus diesen normale, vollständige Larven entstehen können. Wenn die Entwicklung des Keimes ein rein physiko-chemischer Ablauf wäre, vergleichbar dem Ablauf eines Uhrwerks, dann sollte man doch meinen, daß die Zerteilung des Keimes seine Entwicklung zu einer normalen, vollständigen Larve unmöglich machen müsse. Wenn die Entwicklung trotz der Zerteilung des Keimes zur normalen Larve hinführt, dann gewinnt man wieder den

Eindruck, daß sie von einer Bauplanidee, einer Zielvorstellung geleitet sei, die bei der Teilung der Keimmaterie nicht zerstört oder aber alsbald wiederhergestellt wird.

Mit der Entwicklung des Teilstückes eines Keimes zu einer vollständigen Larve sind die Regenerationsvorgänge verwandt, die abgetrennte oder zerstörte Teile eines Lebewesens neu bilden und so dessen Vollständigkeit wiederherstellen. So werden z. B. bei Molchen abgetrennte Beine neugebildet. Auch hier kann sich der Eindruck aufdrängen, daß eine Vorstellung seines normalen Aufbaues im Lebewesen vorhanden ist, die bei Abtrennung eines Beines sich geltend macht und zur Wiederherstellung des vollständigen Lebewesens führt. Diese Regeneration der Lebewesen erinnert sehr an Wiederherstellungsvorgänge, die bei Vorstellungen, Gedanken usw. zu beobachten sind. Bruchstücke von Vorstellungen, Gedanken usw. haben nämlich die Tendenz, sich zu den vollständigen Vorstellungen, Gedanken usw. zu ergänzen. So ergänzt sich z. B. das Bruchstück „Rosenknos.." leicht zu dem vollständigen Wort „Rosenknospe". Die Annahme liegt ziemlich nahe, daß die Regeneration bei Lebewesen, die gewisser Teile beraubt wurden, auf diese seelische Wiederherstellung der Bauplanvorstellungen der Lebewesen zurückzuführen sei.

Ebenso wird man dann die Fortpflanzung und Vermehrung der Lebewesen mit der Fähigkeit der Vorstellungen und Gedanken in Zusammenhang bringen, sich immer wieder neu zu bilden. Habe ich einmal die Vorstellung eines Kreises, so kann ich leicht viele Kreis-Vorstellungen bilden.

Leicht ließe sich diese merkwürdige Verwandtschaft von leiblichen Lebensvorgängen und seelischen Vorgängen noch weiter verfolgen. Z. B. erinnert die Vererbung, die Wiedererneuerung der Eltern in den Kindern, so stark an die Gedächtnisleistung der Wiedererneuerung von Vorstellungen usw., daß man längst auf den Gedanken gekommen ist, die Vererbung sei auf eine Art Gedächtnis zurückzuführen.

Am stärksten drängt uns aber die Zweckmäßigkeit, die wir an den Lebewesen in ungeheurer Fülle finden, den Eindruck auf, daß das leibliche Lebensgeschehen unter der führenden Einwirkung seelischer Lebensfaktoren steht. Unser Auge mit seiner Zweckmäßigkeit ist einer photographischen Kamera mit ihren zweckmäßigen Einrichtungen verblüffend ähnlich. Wenn nun diese Kamera ein Produkt seelischer Faktoren, nämlich menschlicher Intelligenz und menschlichen Wollens ist, wird dann nicht auch die Zweckmäßigkeit unseres Auges und weiterhin alle organische Zweckmäßigkeit auf seelische Faktoren zurückzuführen sein?

Häufig wird gegen diese Erklärung der organischen Zweckmäßigkeit deren Unvollkommenheit ins Feld geführt, die z. B. beim kurzsichtigen Auge handgreiflich hervortritt. Aber warum sollen seelische Faktoren in den Lebewesen nur vollkommen Zweckmäßiges hervorrufen? Die uns bekannten seelischen Faktoren, der menschliche Verstand und Wille usw., bringen doch auch z. B. nicht immer vollkommen zweckmäßige Photographenapparate hervor, sondern schaffen manchmal ziemlich unvollkommene Konstruktionen.

Die seelischen Faktoren, welche die zweckmäßigen Krallen der Katze hervorbringen, dienen damit der Katze selbst, nicht aber etwa der Maus. Wir werden darum auch annehmen, daß diese seelischen Faktoren der Katze selbst angehören und nicht etwa der Maus. So kommen wir zu einer psychovitalistischen Zweckmäßigkeitserklärung, nach welcher den Lebewesen selbst innewohnende, unvollkommene seelische Faktoren deren vielfach unvollkommene Zweckmäßigkeit hervorbringen.

Indessen ist damit, so meine ich, noch nicht das letzte Wort in der Frage der organischen Zweckmäßigkeit gesprochen. Es gibt nämlich auch eine Zweckmäßigkeit, durch die ein Lebewesen einem ganz fremden Organismus selbstlos dient; ich bezeichne sie als fremddienliche Zweckmäßigkeit. Erstaunliche Beispiele einer solchen finden wir in den Pflanzengallen, durch deren Bildung die Pflanzen fremden Lebewesen Nahrung, Wohnung, Schutz und mancherlei weitere selbstlose Fürsorge darbieten. Wenn wir diese fremddienliche Zweckmäßigkeit, die zwei ganz verschiedene Lebewesen verbindet, durch einen seelischen Faktor erklären wollen, so müssen wir wohl ein überindividuelles seelisches Wesen annehmen, das verbindend über den Lebewesen, über Pflanzen und Tieren steht. Und das führt dann weiterhin zu dem Gedanken, daß dieses überindividuelle Seelische auch vereinend über den Menschenseelen steht und sich in ihnen auswirkt in Mitfreude und Mitleid, Liebe und Güte und in der Stimme des Gewissens.

Ich konnte diese naturphilosophischen und metaphysischen Hypothesen hier nur andeuten; wer sich dafür näher interessiert, sei auf meine Bücher: „Die fremddienliche Zweckmäßigkeit der Pflanzengallen und die Hypothese eines überindividuellen Seelischen", Leipzig 1917, und „Einführung in die Philosophie", München und Leipzig 1926, verwiesen. Hier habe ich diese weitgreifenden, tief ins Metaphysische hineinführenden Hypothesen skizziert, um zu zeigen, wie ungemein weit unter Umständen von naturwissenschaftlicher Beobachtung ausgehende Schlüsse führen können. Wir sind mit diesen Hypothesen weit über jene Grenzen des Naturerkennens hinausgeschritten, die wir im kritischen Realismus gezogen hatten. Derselbe lehrte ja, daß unser von der Sinneswahrnehmung ausgehendes Naturerkennen zum inneren Wesen der Natur nicht vordringen kann. Nach den Erwägungen dieses Vortrages erscheint es wenigstens im Prinzip möglich, das innere Wesen der Außenweltsgegenstände und insbesondere auch das der Lebensfaktoren zu erkennen, wenn solche Erkenntnis hier und dort auch recht hypothetisch sein mag. Wie reimt sich das nun zusammen: Unerkennbarkeit und Erkennbarkeit des inneren Wesens der Natur-an-sich?

Die Antwort ist nicht schwierig. Die Hypothesen, daß die ganze Natur-an-sich und die Lebensfaktoren von seelischer Beschaffenheit seien, gehören nicht mehr in den Kreis des reinen Naturerkennens hinein. Sie stützen sich auch auf unsere Erkenntnis des Seelischen, auf psychologische Erkenntnis. So haben wir z. B. die psychologische Erkenntnis herangezogen, daß Vorstellungsbruchstücke sich zu vollständigen Vorstellungen zu ergänzen streben. Wir haben in diesem Vortrage die Grenzen des Naturerkennens weit überschreiten und mit unseren Hypothesen ins innere Wesen der Natur eindringen können, weil wir mit dem Naturerkennen das Erkennen des Seelischen verbunden haben. So sind wir schließlich tief in metaphysisches Gebiet, in Weltanschauungsprobleme vorgedrungen. Die Metaphysik, die das Gesamtwirkliche erfassen will, darf nicht nur ein Teilgebiet desselben, nicht allein die Natur oder allein die seelisch-geistige Welt beachten. Sonst verfällt sie in unhaltbare Einseitigkeiten, wie materialistische, aber auch manche idealistische Weltanschauungen zeigen. Wir werden die Grenzen unserer Gesamtwirklichkeits-Erkenntnis um so weiter ausdehnen und unsere metaphysischen Gedankenbauten um so fester verankern können, je breiter und tiefer wir sie durch naturwissenschaftliche und geisteswissenschaftliche Erkenntnis unterbauen.

MIX
Papier aus verantwortungsvollen Quellen
Paper from responsible sources
FSC® C105338

Printed by Libri Plureos GmbH
in Hamburg, Germany